序

呼伦贝尔市的文化，最早可以追溯到二万年前的古扎赉诺尔人。随着时间的推移和历史的进步，自公元前200年左右至清朝期间，辽阔的呼伦贝尔大地又先后孕育了东胡、匈奴、鲜卑、室韦、蒙古等十几个游牧部族，被誉为"中国北方游牧民族成长的历史摇篮"。其中影响中国乃至世界发展史的民族有：公元一世纪拓跋鲜卑族"南迁大泽"，进而入主中原，建立了北魏王朝；公元十三世纪，成吉思汗统一蒙古高原，建立了横跨欧亚的蒙古帝国。在史学界，呼伦贝尔继长江文化、黄河文化之后，被历史学家们称之为"中华文明的第三源"。由此我们可以断言，呼伦贝尔大文化就是原生态文化的再现和演绎。抚今追昔，无论是古老的草原游牧文化、森林狩猎文化，还是成吉思汗鞍马文化，无不渗透着"逐水草丰美而居"、信仰萨满、崇拜长生天、追求天人合一理念的一种文化精神写照。只有民族的才是世界的，正是因为这些游牧民族一代又一代地保持并传承了原生态文化所独有的特质，才会在一次又一次的民族融合、征战、迁徙中被保存了下来，成为呼伦贝尔不可多得的宝贵财富。如今，从生活在呼伦贝尔市43个少数民族群众的生产生活中，依稀可以找到原生态文化的影子。2007年9月26日，经中国民协批准，正式命名新巴尔虎左旗为"中国蒙古族长调民歌之乡"，并建立"中国蒙古族文化保护基地"；命名陈巴尔虎旗为"中国那达慕之乡"；命名鄂温克旗为"中国鄂温克文化之乡"，并建立"中国北方少数民族传统服饰文化研究基地"。原生态文化就是呼伦贝尔大文化的魂和根。

从一般的认识来说，在中国古代史上，民族文化中的不少思想观念与精神因素对于巩固和延续封建的国家秩序起着重要的作用，因而受到自近代以来人们的强烈批判。然而，其中的精华部分所蕴涵的哲学意识、道德观念和艺术见解，不论是过去还是现在，又都在培育民族的优秀精神品格方面起着其他方式难以替代的重要作用。虽然从上世纪以来，中国已经发生文化转型的重大历史演进，传统的民族文化受到了严峻的挑战，大有以西方文化取代传统的民族文化的"革命"之势。但是，经过一个历史阶段的剧烈动荡和时间淘汰之后，多数人还是清醒地认为，传统的民族文化及其所包涵的民族精神，它的精华不仅凝结成了它的过去，也可以滋生出新的未来。尤其是其中所包涵的中华民族特有的优秀精神品质，对于这个民族的发展，对于我们国家的进步，都是不能排斥的。因而，它的国家意义、民族意义便得到了普遍认可。从文化本身来看，人们所主张的只有民族的才是世界的，保护民族文化的特色，才会使民族文化具有世界意义的观点，也同样意味着民族文化在任何一个国家都具有不可或缺的国家意义、民族意义、历史意义和现实意义。

这次编辑出版的《呼伦贝尔文化博览丛书》共计六册，分别是：博物馆篇、非物质文化遗产篇、民族服装服饰篇、文艺演出篇、北方少数民族岩画篇、餐饮篇。该书集中反映了呼伦贝尔市自2001年10月10日"撤盟设市"以来，特别是"十一五"期间，呼伦贝尔市旅游文化战线发生的巨大变化，以及取得的令人欣慰的成果。该书在编撰过程中得到了全市旅游文化战线上广大同仁的大力支持与帮助，不仅丰富了《呼伦贝尔文化博览丛书》的内容，也提高了该系列丛书的文化内涵与艺术价值、实用价值和收藏价值。这是一部值得一看，值得细细品味，值得认真研究的经典之作，真诚地希望大家通过阅读此书，对呼伦贝尔的民族文化有一个更加全面、更加深刻的了解。并留给人们作为永久的精神文化遗产。

诚然，该书在编撰过程中，由于受时间紧、任务重、要求高、内容多等诸多客观因素限制，不足与失误之处在所难免，敬请广大读者批评指正。

金昭

2011年3月9日

《呼伦贝尔文化博览丛书》

编辑委员会

主　任：金昭
副主任：刘兆奎　吴宏杰　诺　敏
　　　　钱瑞霞　郭苹
成　员：高茹　乔平　闫传佳
　　　　左刚　王彭甲　刘青友
　　　　白劲松　郭晓环　肖海昕
　　　　于国良　张丽杰　张承红
　　　　谭福洁　王忠民　孙莹
　　　　崔越领

编写组

主　编：金昭
副主编：刘青友
编写人员：高茹　乔平　闫传佳　左刚　王彭甲　刘青友　白劲松　郭晓环
　　　　莲花　肖海昕　于国良　张丽杰　殷焕良　崔越领　李慧　刘惠忠
　　　　张承军　张忠良　李浩　宋文浩　王大钊　吕思义　赵蕾　贺海丽
　　　　张春香　黄国庆　张桂芳　乌日图　白雪峰　白春梅　张永超　玲丽
　　　　索日娅　何丽英　张国文　孟松涛　于洪宇　孙磊　刘博　关艳
　　　　鄂晶　何振华　杜国军　武峰强　贾福娟　孙志彬　孟丽　山丹
　　　　董慧敏　郭志英　朱新章　吴玉明　孙静佳　朱朝霞　马静龙　刘立东
　　　　伊敏　朱秀杰　铁钢　包青林　周燕　哈森　范博　满达
　　　　吴玉华　建军　宏雷　陈乃森　曹珂香　阿纳尔　包玉波　王岩
　　　　金铭峰　郭旭光　讷荣芳　王艳梅　崔东波　吴杰　白春英　杨玉琴
　　　　孙祖栋　王汉俊　邢锐　孙志斌　马健　关荣　韩金玲　朱智卓
　　　　黄国庆　李光明　新苏优勒　乌仁高娃　敖登高娃　哈森其其格
　　　　阿拉木斯　乌丽娅苏　庆格勒图

（本排名不分先后）

目录

- 1. 成吉思汗实景演出 3
- 2. 呼伦贝尔大雪原 15
- 3. 蒙古古乐 23
- 4. 拓跋鲜卑 31
- 5. 五彩呼伦贝尔 45
- 6. 使鹿鄂温克原生态舞台剧——敖鲁古雅 55
- 7. 牙克石市——绿野长歌 65
- 8. 根河市乌兰牧骑 74
- 9. 大型民族歌舞集——勇敢的鄂伦春 90
- 10. 鄂温克旗乌兰牧骑 105
- 11. 陈巴尔虎旗——天鹅之子 114
- 12. 新巴尔虎右旗——这片草原 122
- 13. 满洲里中俄蒙国际选美大赛 130
- 14. 穿越千年——神奇达斡尔 136

2

成吉思汗实景演出

呼伦贝尔草原历来是中国古代游牧民族的巨大摇篮，是这里漫长的岁月孕育了最初的蒙古人，使之形成了一个强悍的民族。13世纪初，蒙古族祖先成吉思汗，带领着雄悍威武的蒙古骑兵从呼伦贝尔草原出发，潮水般的马蹄踏遍了亚欧大陆，创建了举世闻名的蒙古帝国。

呼伦贝尔不仅仅庇护了成吉思汗极具传奇色彩的童年，还流传着许许多多关于他的母亲诃额仑、夫人孛儿帖的动人传说，因而，呼伦贝尔被历史学家誉为"天骄故里"。

"风从草原上走过，吹散了多少传说，留下的只有你的故事，被酒和奶茶酿成了歌……"

成吉思汗是蒙古民族世代传诵的伟大英雄，是世界历史上的巨人。因为他的所为，才聚合了一个民族；因为他的所为，在人类战争史上留下了最让人震撼的不朽篇章。他把东方文明传递给西方，推动了人类历史的进程。因为他的所为，将支离破碎的草原结束了连年的抢掠和征战，让寂寞的仓狼大地奔涌成绿色的海洋……

今天，缅怀圣主成吉思汗的天骄伟业，他的英雄气概、敢为人先、勇往直前的精神，必将激励我们珍惜祖国安定团结、繁荣稳定的政治局面，豪情满怀地建设我们的和谐家园……

铁蹄声声、旌旗猎猎。现在，成吉思汗的马队已经疾驰到我们的面前，按照蒙古铁骑的传统礼节，他们将把象征着威严的马鞭交给我们最尊贵的客人，由他挥鞭，开启今天演出的帷幕！

（备注：2010年原创解说词）

不朽战神，撼世绝唱。大型草原实景演出《天骄·成吉思汗》，已经在全世界最美丽的大草原、全球最大的舞台，距呼伦贝尔市海拉尔区45公里的陈巴尔虎旗白音哈达草原剧场震撼上演。

这是世界上唯一的大型草原实景演出

5

这场演出，不是在人们习惯思维中的室内舞台上，也不是在一般的室外广场上。它是在中国最美的草原——呼伦贝尔草原的中心地带海拉尔河畔。演出以星空、月夜为背景，以河水、湿地、沟谷、山峦为舞台，这是世界上最大的天然舞台。这是没有布景师的人工打造，完全是自然实景的真实展现，这是表

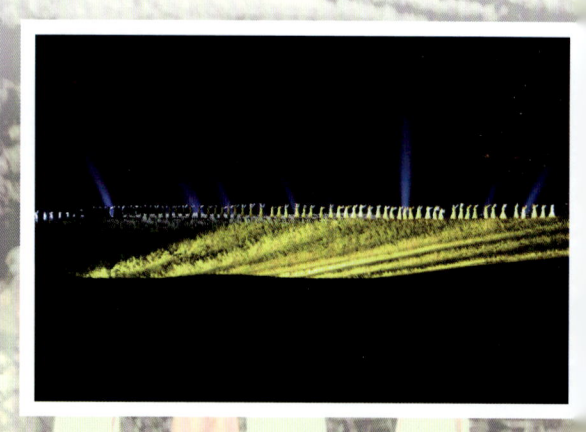

内蒙古呼伦贝尔·大型草原实景演出

呼伦贝尔大草原实景演出

主办单位：内蒙古呼伦贝尔市市委、市政府
演出单位：内蒙古呼伦贝尔市职业技术学院
演出地点：内蒙古呼伦贝尔市陈巴尔虎旗
荣誉出品：内蒙古呼伦贝尔仕奇成吉思汗文化产业有限公司
　　　　　呼伦贝尔市宾馆

演舞台的世界奇观，不用说观看演出，就是看一眼这天下最美的草原上的最大的舞台，也是人生的一大幸事，终生难以忘怀。

这是千年伟人成吉思汗传奇人生的史诗大作

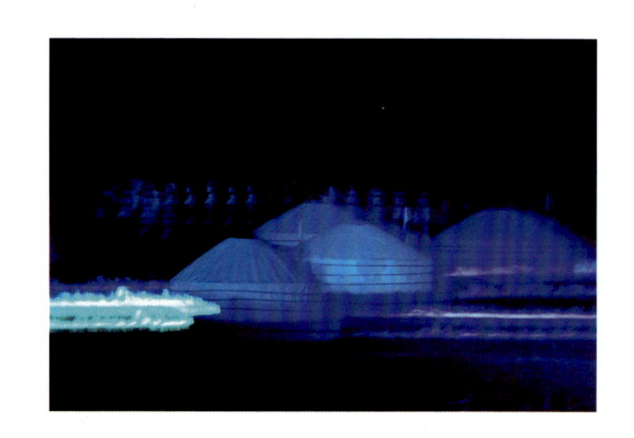

实景演出《天骄·成吉思汗》分为序幕、降生、征战、思念、大典、远征、长生天、牧歌八个篇章。一个小时的倾情表演，再现了成吉思汗在呼伦贝尔草原金戈铁马征战的场景，展示了成吉思汗的辉煌一生最为关键的生命片段和蒙古民族发源地、成吉思汗固基的无穷魅力。跨越历史长河、冲破时空的局限，去会见我们呼伦贝尔的先人——成吉思汗的母亲诃额仑、夫人孛儿帖、后妃也遂和也速干、义弟失吉·忽秃忽、岳父德薛禅。还原千百年来草原游牧民族的真实生活,再现千年风云第一人成吉思汗戎马一生、征战东西的波澜壮阔场景。

这是千年伟人成吉思汗传奇人生的史诗大作

大型实景演出《天骄·成吉思汗》现场设置500多个数码控制音响,形成全景式立体声场和环绕立体音响效果;构筑了3000盏4千瓦以上变频变色探照灯,形成了极具冲击力的梦幻色彩,视觉艺术和听觉艺术达到完美统一;一万多平方米的大型实景表演平台,500余名身着艳丽服装的演员,100多匹战马、100余个蒙古包、数百只羊、2000米的天际线以及四面八方玄机重重的幕帘,营造出

了气势恢宏的大草原剧场，把蒙古民族的历史、文化、生产、生活习俗以及各项非物质文化遗产有序地链接起来，一幅幅画卷徐徐展开，把不朽英雄的千年传奇展现在观众面前。这是极尽自然的震撼表演，这是一年里最为奢侈的几十天，这是您从未见过的演出，这是您一生不可缺失的传奇体验！草原一日，时空千年，置身于天堂草原，享受一代天骄绚丽多彩和恢宏壮美的视听盛宴！

2010年呼伦贝尔宾馆开始与内蒙古仕奇集团携手合作呼伦贝尔大草原实景演出，这是呼伦贝尔市倾力打造的五张文化名片之一，是一场绚丽多彩，恢弘壮美的视听盛宴，置身于这天堂草原，品味蒙古民族800余年英雄秘史，这是一道回味无穷的文化大餐，恍然中犹如穿越时空，不知不觉中接受了一次草原文化洗礼。

《冬牧》民族器乐、打击乐与歌舞《森林交响》

大型原创民族歌舞集《呼伦贝尔大雪原》

《呼伦贝尔大雪原》是呼伦贝尔市委、市政府倾力打造的五张文化名片之一，是呼伦贝尔市继第七届中国·内蒙古草原文化节推出大型民族历史话剧《拓跋鲜卑》、原生态舞台剧《敖鲁古雅》之后，又推出的全方位展示北方少数民族深厚文化底蕴的艺术精品，历时三年制作完成。它集世代生息在呼伦贝尔的蒙古、达斡尔、鄂伦春、鄂温克等少数民族游牧、狩猎文化之大成，是国内第一部以"风雪"为主题的舞台艺术作品。

永恒的长生天，在缔造了呼伦贝尔雄奇的同时，也缔造了它奇冷的冬天。呼伦贝尔的冬季最低气温达零下40多摄氏度。从每年10月严寒袭来到来年5月冰雪融化，漫长的冬季生活达8个月以上。正是由于这奇冷的冬天这漫天的大雪，才产生了一个个不畏风雪的民族，以及由严冬和风雪孕育出来的歌和舞、传说和故事……

《冬牧》

《敖鲁古雅女人》
诠释伟大母爱

剧目简介

　　大型原创民族歌舞集《呼伦贝尔大雪原》由《冬日的草原》、《森林的世界》、《温暖的家园》、《尾声》四个篇章组成。全篇没有用故事作为结构，却通篇贯穿着北方民族生产、生活、劳动和爱情的情节，在呼伦贝尔特有的冰雪巨大背景下，他们装扮着每个有雪的早晨、温暖着每个寒冷的日子、创造着今天幸福的家园。

《吉祥天鹅》

民歌独唱《摇篮曲》

舞蹈

将呼伦贝尔蒙古、达斡尔、鄂伦春、鄂温克等少数民族独特的肢体语汇与现代舞蹈有机结合，选用了大量的民族民间舞蹈语汇，包括国家非物质文化遗产等艺术形式，使我们有机会在舞台上看到了一种绝对奇特和全新的舞蹈样式。

歌舞《雪歌》完美展现呼伦贝尔冬日美景

舞蹈《冬牧》 　　　　　　　舞蹈《冬牧》场景 　　　　　　舞蹈《树鸡舞》

舞美设计

以呼伦贝尔独有的茫茫大雪原、亚寒原始森林、肆虐的风雪以及在风雪映衬下方各少数民族多彩的皮毛服饰为主调，构了国内剧场至今绝无仅有的银白色的风雪界。本剧由于特别邀请了国内一流的灯光并由灯光师设计出来奇异独特的灯光效果为舞台成功创造了冰雪世界里人与自然天合一的艺术境界。

舞蹈《敖鲁古雅女人》

尾声舞蹈《吉祥天鹅》

音乐

采用了国际通常使用的编制技法，使管弦乐、电子乐与民间乐器相辅相成，其中大量使用了口弦琴、鹿哨、鹿铃、萨满鼓、冒顿朝尔等民间传统乐器，使整个作品的音乐、音效新奇独特，令人耳目一新。

歌曲

主要选材于蒙古、达斡尔、鄂温克、鄂伦春的经典民歌，其中舞蹈音乐的合唱则由舞蹈演员现场直接演唱，情感真挚，生活气息浓郁，使人仿佛置身其中，甚至感受到风的凛冽雪的清凉。

特邀创作团队

歌舞《圣歌》

舞蹈《布里亚特人家》
一家三口温情场景

总编导 何燕敏

蒙古族著名舞蹈家，著名舞蹈编导、国家一级编导，中国舞蹈家协会会员，现任内蒙古军区文工团创作室主任。连续十年担任全军双拥晚会的主创导演，并多次担任文化部、政治部和中央电视台春节联欢晚会以及第24届世界大学生冬季运动会开幕式晚会、东盟博览会、国际海洋节、国际民歌节等重大活动的主创导演和主要编导。她创作的《顶碗舞》、《盛装舞》成为弘扬蒙古族舞蹈的典范精品。2011年，她被载录到《中国人民解放军舞蹈史》当中，成为中国人民解放军建军以来仅有的两位蒙古族军旅舞蹈家之一。其代表作有《顶碗舞》、《盛装舞》、《漠柳》、《吉祥颂》等。其作品曾荣获第六届中国舞蹈荷花奖金奖、中国人民解放军第九届全军文艺汇演金奖和银奖、全军总导演一等奖等，其创编的《吉祥颂》登上2011年央视春晚，深受喜爱。

舞蹈《鲁日格勒》　　　　　　　　　　　歌舞《赞歌》

总作曲　吴旋

空政歌舞团创作室创作员，国家一级作曲，国家舞台艺术精品工程评审委员会评委。共创作了500多部（首）音乐作品，有40多部（首）作品在国内、国际评比中获奖。其代表作有大型现代舞剧《红梅赞》全剧作曲、话剧《沦陷》全剧作曲、歌曲《永远的江南》、《水做的故乡》等，并为多部(集)电影、电视剧、电视专题片作曲。多次荣获国家最高奖"文华大奖"、"国家舞台艺术精品工程"奖、"五个一工程奖"，中国电影"金鸡奖"、"华表奖"、"童牛奖"，电视"飞天奖"、"金鹰奖"等。

舞美灯光设计　王瑞国、王瑞宝

王瑞国，中国国家话剧院国家一级舞美师，中国舞台美术协会灯光（照明）技术委员会主任。曾在大型舞剧《千手观音》、《一把酸枣》、《天边的红云》、《霸王别姬》、《瓷魂》，大型民族音画《八桂大歌》，大型综合常态歌舞剧《蝴蝶之梦》、《草原传奇》，昆曲《回京绝唱》、话剧《一个和八个》、《萨拉姆的女巫》、《老兵》、《李大钊》、《怀疑》等中担任舞美灯光设计，多次荣获舞台美术、设计"文华大奖"、舞台美术"金鹰奖"、"国家精品工程"奖等。

王瑞宝，设计艺术学硕士，中国舞台美术家协会会员。主要作品有：大型舞剧《千手观音》、《澳门回归十周年庆典晚会》、大型常态演出《成吉思汗》、新版《梦幻漓江》、芭蕾舞剧《第十二夜》、《胡桃匣子》，戏曲《山东汉子》舞美设计（入围国家精品工程剧目）。

蒙古大合曲

蒙古古乐简介

《蒙古古乐》是我市打造的五张文化名片之一，主要由拉弦乐器、弹拨乐器、吹管乐器、打击乐器四部分共30件乐器组成，主要乐器有马头琴、拉弦潮尔、胡琴、好必斯、胡笳、筚篥、喇嘛号、云锣、雅托克、忽擂、蒙古鼓、查玛鼓、冒顿潮尔、牛角号等组成,用民族特有的音乐语言演绎呼伦贝尔源远流长的民族历史和博大精深的草原文化,展示呼伦贝尔多姿多彩的风土人情。

"风吹草低见牛羊"的千古绝唱在穿越时空的跨跃中已经成为永恒。当人类的脚步慢慢远离历史的尘埃，我们探寻的心却逐渐贴近这个古老的民族。《蒙古古乐》可以称其为音乐博物馆或音乐活化石。比如在匈奴古墓中发现的口簧，距今已有二千年的历史了，比如胡笳、冒顿潮尔被考古学家确定是匈奴时代的乐器，比如雅托克(蒙古筝)公元前237年时就流行于秦地;比如胡兀日(二弦拉弦乐器)出现于13世纪之前等等。二十几件蒙古古代乐器同时展现，就是一般博物馆也难以做到。由这些古代乐器演奏的古代乐曲更是闻所未闻。比如室韦乐曲《俱伦》三首中的一首，比如我们只能从岩画里感受到的蒙兀室韦人弹奏口簧的声音，比如远古时期出现的萨满音乐、原始狩猎音乐、英雄史诗等等。正同它以上的独特性和唯一性，它给予我们的是一种独一无二的蒙古精神文化境界。就乐曲而言，早在元、明之后，蒙古历史音乐的雄浑豪壮就已溢出长城而融入中原地区。这一点，在其后不久的中国古典音乐、绘画、诗歌等艺术中都能感受到其中特别的意味。正如一位音乐史学家所讲：成吉思汗和他的蒙古骑兵把蒙古民歌带入了中原，也为当时衰落的中原文化注入了新鲜的血液。元朝时曾有大量的古典戏剧在中原地区上演;同一时代，对明快色调的重视又为中国绘画开创了新纪元。他们就这样游走于无顶的青天之下、无际的大地之上，狩猎放牧，在敲响历史的大门之时也创造了令人惊叹的古代蒙古歌舞。

一、蒙古汗帐音乐《大番曲》

这里所说的汗帐音乐也是我们通常所说的宫廷音乐。据史料记载：蒙古汗国时期尚未营造城池宫阙，可汗在巨大的帐幕内处理政务。成吉思汗、窝阔台汗的金帐，正面开有两门，以黄色锦缎蒙覆之，足以容纳千人。应称为"汗帐音乐"才是。《大番曲》是蒙古汗帐音乐的一首，从《大番曲》的曲调来看，可以认为它是传入宫廷的音乐或是来自民间的宫廷音乐。

吉雅奇

二、蒙古末代可汗林丹汗帐宫廷礼乐《笳吹乐章》中的选曲《颂祷词》

林丹汗的宫廷音乐由两部分组成：即《笳吹乐章》和《番部合奏》。《笳吹乐章》是蒙古语宫廷歌曲，凡67首。《番部合奏》则是器乐曲，凡31首。《笳吹乐章》的代表作《游子吟》、《美封君》、《宛转词》等是蒙古族古代歌曲的精华。本曲根据《笳吹乐章》中的《颂祷歌》改编，是一首宴歌。

三、潮尔合唱

1、《玛乃抗盖》是一首潮尔合唱歌曲。

潮尔，蒙古语为"共鸣"之音，是蒙古族所特有的合唱形式。有人认为此种演唱形式发源于蒙古氏族部落时期的狩猎劳动、祭祀仪式和战争生活。古代蒙古人在作战前，敌对双方均须高声歌唱，壮声威。其中有少数人领唱战歌。而兵士则挥舞刀矛，伴唱固定低音，形成撼天动地的声浪。最初的"潮尔"恐怕是不规则的"混唱"，带有原始形态，后来这一独特的"混唱"形式中逐渐孕育出了有规则的"潮尔合唱"。

2、《成吉思汗圣歌》。

蒙古音乐史上迄今唯一的一首歌颂"一代天骄"成吉思汗的潮尔歌曲。内蒙古各地几乎都有它不同的变体，因而特别引人注目。该歌曲篇幅浩大、音调激越、气势恢宏，充分发挥了潮尔合唱的威力，具有震撼人心的力量。

蒙古拉弦乐溪琴

蒙古口弦琴

蒙古汗帐乐合奏

蒙古吹管乐器牛角号

蒙古大合曲

四、两首无名曲

说起这两首曲就不能不向大家介绍一个人，他就是丹麦人亨宁·哈士纶。关于亨宁·哈士纶本人，我们所知并不多，他是在中国定居的外国人之一，精通汉语和蒙古语。他于1928年开始，在新疆的土尔扈特草原上收集蒙古民歌。1929年他带着一架爱迪生牌留声机和大量录音带再次来到内蒙古。1936年至1937年他又一次到内蒙古并来到巴尔虎地区、满洲里和海拉尔，并且录制了一大批布利亚特、巴尔虎蒙古族民歌。亨宁·哈士纶在他的文章中曾这样写道："收录的许多民歌是在海拉尔和新京地区录制的。这两座城市是蒙古的政治中心，是众多不同部落的集会地。因此，在有些时候，乐曲的发源地是无从考证的。正是由于这种原因，我们无法知道这两首乐曲的发源地甚至乐曲的名称。所以，我们暂且把两首乐曲称之为'无名曲'。

五、元代武士思乡曲《和林城谣》

长期而又残酷的战争生活，为蒙古人民带来了深重苦难。据史料记载：蒙古本土的许多青少年，13、14岁即应征入伍，在行军途中接受训练，在离乡背井、行军作战的艰苦生活中，产生了一批武士思乡曲。这些军旅生涯中产生的抒情歌曲，表达了蒙古族人民厌恶侵略战争、向往和平的生活、思念故乡亲人的强烈愿望，因而具有进步意义。《和林城谣》这首乐曲，曲调优美，调式丰富，曲式完整，表达出远征武士哀怨凝伤的心情，堪称古代武士思乡曲的精品，具有很高的史料价值和艺术价值。

六、元代民歌《翁吉剌惕歌》

说起《翁吉剌惕》，大家一定会马上想到一代天骄成吉思汗的母亲诃额伦和夫人孛儿帖。由于翁吉剌惕部落于12、13世纪曾居住在克鲁伦河流域，呼伦贝尔人经常不无骄傲地介绍说，诃额伦和孛儿帖是我们呼伦贝尔的女人。从历史记载看，12、13世纪的蒙古地区确有叫翁吉剌惕的部落居住在克鲁伦河流域。《蒙古秘史》中成吉思汗认为"翁吉剌惕百姓，若云古来，但以甥之貌、女之色，则宜招降之；彼若反，则就戡之。"于是派主儿扯歹去翁吉剌惕部，翁吉剌惕真的顺从了主儿扯歹。在这首《翁吉剌惕歌》中表现了翁吉剌惕部不侵犯邻国，通过"脸颊漂亮的姑娘"与相邻部落建立友好姻亲关系，企望和平幸福生活的理想，是一首厌战的民歌。

萨满表演

七、女乐随行舞

关于蒙古宫廷音乐由马可·波罗、柏郎嘉宾等人在他们的《蒙古行纪》中有所记载，并最早在欧洲公布于众。根据这些记录我们得知，达官显贵们出征时往往要举行歌舞仪式，甚至还要女乐相配，由此完成特定仪式或壮大军威。宋朝使者赵珙在《蒙鞑备录》写到："木华黎出师，亦以女乐随行，率十七八美女，极慧黠，多以十四弦等弹大官乐等曲，拍手为节，甚低，其舞甚异。"这种《女乐随行舞》不仅是出征前鼓舞士气的威武之舞，也是国王木华黎宫廷乐人为了鼓舞蒙古军中斗志而举行的一种庄严的音乐舞蹈。

蒙古吹管乐器胡笳

蒙古弹拨乐合奏

蒙古族指挥家斯仁丹巴

猎乐《吉雅奇》

蒙古弹拨乐器陶布秀儿

蒙古吹管乐器筚篥

八、大合曲

《大合曲》是蒙古族宫廷音乐《番部合奏》的代表作品之一。《番部合奏》是蒙古宫廷的燕乐曲调，由多首乐曲组成，其中除《大合曲》等6首音乐有歌词外，其它都是器乐曲。

谢幕

30

《拓跋鲜卑》简介

这是我国第一部描写北魏王朝的祖先拓跋鲜卑从森林迁徙大泽草原的民族历史话剧。

拓跋鲜卑部落大首领的孙子,年仅十八岁的推寅,在草原做了三年人质后,回到大兴安岭密林中的鲜卑部落。推寅从草原带回了许多新的理念与思想,想让族人过上吃得饱、穿得暖的好日子。但他的主张与做法,与部落世代狩猎的生活方式与观念产生了极大的冲突,遭到了身为部落大首领的祖父及部落首领蒲遫、耳猞父子等人的极力反对。为此,推寅经历了种种磨难与艰辛。但在艰难的生存斗争中,推寅矢志不渝。他的做法与想法,得到了越来越多的人们拥戴与赞同。

为了摆脱蒲遫、耳猞父子对推寅的加害,推寅的恋人黑桦姑娘毅然牺牲了自己的爱情,继任为部落的大萨满,并且战胜重重阻难,帮助推寅当上了大首领。在英勇果敢而坚毅智慧的推寅带领下,拓跋鲜卑部落从密林南迁草原,由原始的狩猎改变成游牧的生产方式。

发生在公元前一世纪的这次南迁,展现了拓跋鲜卑革新与进取的民族性格,完成了从呼伦贝尔这个中国历史幽静的后院,向雄阔的中华大舞台挺进的第一步。他们在民族团结、民族进步与民族融合方面的不断追求,开导了其后北魏孝文帝改革与大唐盛世的先河。

2010年《拓跋鲜卑》获得中国话剧界最高奖——"全国戏剧文化奖·话剧金狮奖"4项大奖。除《拓跋鲜卑》本身获得剧目金狮奖外,我国著名编剧、中央戏剧学院博士生导师黄维若获得编剧金狮奖,总政歌剧院导演胡宗琪获得导演金狮奖,该剧男一号演员范越获得表演金狮奖。

第一场：推寅归来讲述草原

第一场：部落青年求偶

第二场：
大首领"楼"与"楼妻"感谢神火

第二场：耳徐父子与推寅争论

第二场：越在诉说部落的困难

34

第三场：推寅与黑桦相会

第五场：耳狳挑衅推寅

第五场：萨满祈祷猎手出征平安　　　　第五场：推寅讲述草原　　　　第五场：推寅讲述草原

第五场：推寅给大家展示从草原带回来的铁箭头

第五场：推寅讲述草原使部
众害怕

第六场："推寅"怒视"耳偿"

第七场：越决定带领猎
手走出黑林

第七场：猎人们围着篝火休息

第八场:"楼"祷告山神

第八场:耳猞争做大首领

第八场:大萨满纯奂

第八场：推寅与耳馀对峙

第八场：为谁做大首领，部众产生分歧、对峙

演员谢幕

尾声：拓跋鲜卑部落抵达大草原

合影

五彩呼伦贝尔儿童合唱团概况

　　五彩呼伦贝尔儿童合唱团成立于2006年12月，是我国第一个少数民族儿童合唱团，由蒙古族、鄂伦春族、鄂温克族、达斡尔族和其他民族6—13岁的孩子组成，绝大部分来自呼伦贝尔的牧区、林区和农区，合唱团演唱的歌曲都是在草原、森林中千百年传唱的民歌和童谣，所有歌曲都由孩子们用本民族的母语演唱。

合唱团成立以来先后在北京、上海、天津、呼和浩特、深圳以及香港、台湾等地演出近60多个专场，并参加众多主题晚会演出。合唱团参加了2008年中央电视台春节联欢晚会演出，参加了2009年广西南宁国际民歌艺术节的演出，参加了2010中国新年音乐会的演出，受上海世博局的邀请，2010年5月参加了上海世博会演出，参加了第十三届北京国际音乐节专场演出，2011年8月在呼和浩特举办了4场《五彩传说—交响音诗》汇报演出。合唱团的演出，以其天然、纯朴的民族特色在全国范围内引起极大的轰动，被誉为"天籁之音"。

受上海世博局的邀请，五彩呼伦贝尔儿童合唱团于2010年5月24日-28日，在世博会最大的广场—博览广场，演出《家园—五彩传说的童谣》。世博局专门为五彩呼伦贝尔儿童合唱团演出举办了新闻发布会，称其为五月世博会最值得期待的演出。《家园—五彩传说的童谣》围绕全人类共同关注的"家园"命题，分为传承、旅途、故乡、生态四个部分，与上海世博会的主题非常契合。原定演出五场，因受到广大观众的热烈欢迎，特加演了一场。孩子们稚嫩的歌喉和质朴的表现构成舞台上难得一见的天然气象，12000多名中外观众观看了演出，现场观众和着欢快的节奏鼓掌喝彩。五彩呼伦贝尔儿童合唱团演出取得了巨大成功，得到了广泛好评，成为世博会诸多演出中的亮点。自治区党委副书记、副主席任亚平，党委常委、宣传部长乌兰，副主席布小林，上海世博局副局长胡劲军，国际知名学者余秋雨，

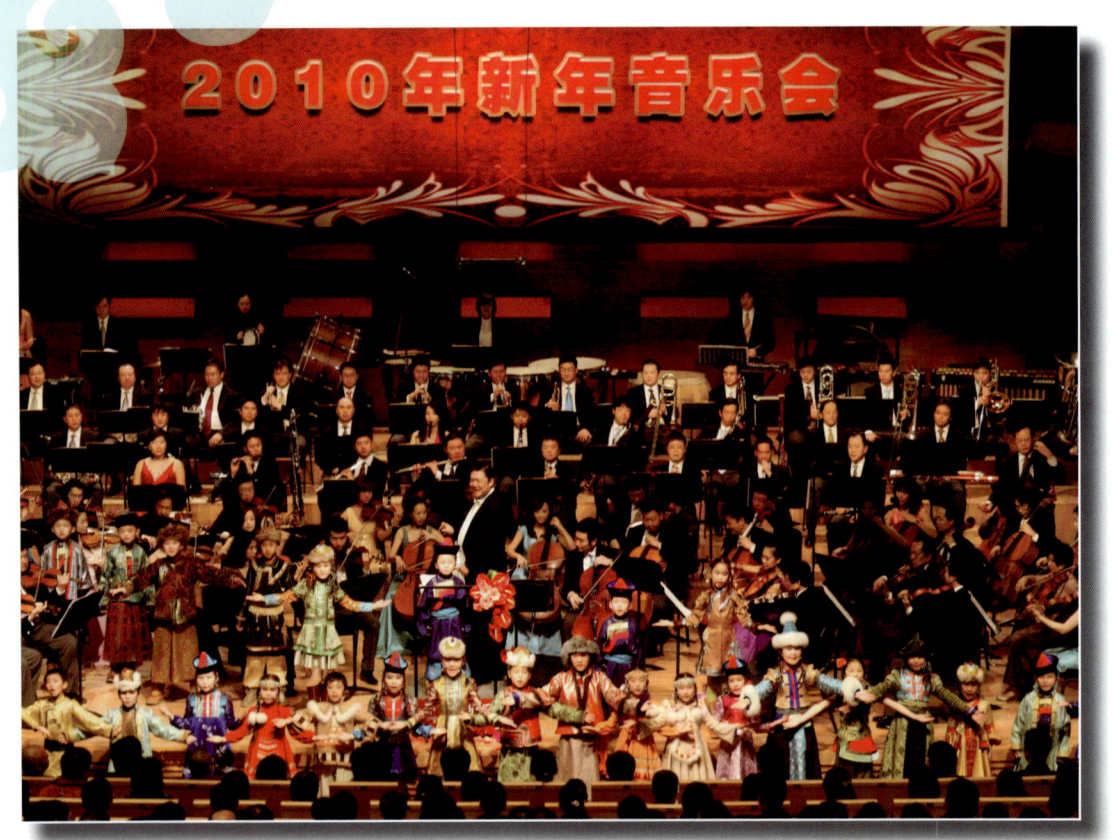

海派清口创立人周立波等观看了演出，并给予高度评价。余秋雨说：五彩呼伦贝尔儿童合唱团成长了，这台节目展示了呼伦贝尔厚重的历史和文化。美国一位曾获得过两届格莱美奖的资深音乐人说：这台演出不用做任何修改，到美国纽约时报广场演出，都会受到热烈欢迎。世博局评价五彩呼伦贝尔儿童合唱团的演出是最认真、最精彩的演出。上海世博局官方网站及众多媒体对五彩呼伦贝尔儿童合唱团世博演出做了专题报道，在全国以及世界华语社会产生了极大反响。中央电视台专题节目"世博记忆"播出了长达7分钟的五彩呼伦贝尔儿童合唱团世博演出报道，五彩呼伦贝尔儿童合唱团是"世博记忆"文化类内容展示的中国唯一演出团队和演出活动。

2010新年音乐会

舞蹈《布里亚特人家》
一家三口温情场景

2010年8月1日—4日，世界著名的中国爱乐乐团牵手五彩呼伦贝尔儿童合唱团在呼伦贝尔大草原莫尔根河畔联袂演绎了交响乐与原生态民族音乐完美融合的音乐会。这场音乐文化盛宴吸引了附近牧民及游客近千人到场观看。在爱乐乐团首席指挥余隆的指挥下，悠长而恢弘的乐曲响起，五彩呼伦贝尔儿童合唱团的小朋友们手拉手走上舞台，拉开了草原实景音乐会的序幕。中国爱乐乐团和五彩呼伦贝尔儿童合唱团合作演绎了《故乡》、《梦中的额吉》等12首展示民族文化独特魅力的原生态草原歌曲。爱乐乐团精湛的演奏水准与五彩呼伦贝尔合唱团小朋友们天真质朴的天籁歌声完美结合，博得了现场观众们的欢呼与喝彩，也成就了中国爱乐乐团建团十年来唯一的草原实景演出。

2010年9月2日—5日合唱团第4次进京，在北京世纪剧院举行了4个专场汇报演出。来自北京社会各界的观众，以及央视等30多家新闻媒体的记者一起观看了专场演出，每一首歌都赢得现场观众的热烈掌声，演出获得极大成功。国务院新闻办主任王晨、外交部副部长崔天凯等领导观看演出并给予高度评价。10月17日，合唱团参加了第十三届北京国际音乐节的专场演出，全世界10多个国家的艺术团体参加了音乐节，其中建团300年历史的维也纳儿童合唱团也参加了音乐节。五彩呼伦贝尔儿童合唱团与中国芭蕾舞团交响乐团合作演出合

唱团的12首歌曲，现场观众报以热烈经久不息的掌声，演出结束后，合唱团3次谢幕，观众依依不舍、掌声不止。作为唯一参加中央电视台春节晚会、参加中国2010年新年音乐会、参加过上海世博会演出的少数民族儿童合唱团体，受到了国家和内蒙古自治区领导，包括许多驻华使节、港澳同胞、文化名人和广大观众和众多媒体的高度评价。

2009年8月22日，中共中央政治局常委、中央书记处书记、国家副主席习近平来到合唱团看望孩子们。习近平副主席指出：作为打造民族文化名片的五彩呼伦贝尔儿童合唱团，既多层面培育了民族青少年，又充分展示了民族风采，打造了富有地域特点和民族特色的文化艺术精品，演奏了一曲民族团结、民族和谐的华彩乐章，为民族文化的保护、传承与弘扬，为民族区域的和谐、稳定与发展做出了突出贡献。临别时，他对孩子们说：我希望还能看到你们的演出，不但要在北京看到，今后你们还要走出国门去演出。

世博演出

草原

演出谢幕

草原放歌

世纪剧院

仙鹤是可以把鄂温克人灵魂送上天的神物

使鹿鄂温克原生态舞台剧《敖鲁古雅》

一：《敖鲁古雅》创作背景和演出历程

使鹿鄂温克原生态舞台剧《敖鲁古雅》由"吉祥三宝"组合成员、少数民族艺术家乌日娜和布仁巴雅尔率领中俄两国艺术家历时两年创作而成。中国国家文化出口重点企业北京保利演艺经纪有限公司以独有的文化悟性和市场触觉参与合作，倾力打造、推广这一优秀的民族文化产品。2010年7月，中共中央政治局委员、中宣部部长刘云山同志盛赞此剧，为《敖鲁古雅》欣然题词"敖鲁古雅风情"。2010年8月26日至29日，《敖鲁古雅》在北京保利剧院首演四场，获得巨大成功，蜚声首都文化界、演艺界。此后，《敖鲁古雅》开始了跨越大半个中国、行程上万公里、登台11个城市大剧院的全国巡演。古老神秘的萨满宗教，引人入胜的爱情故事，空灵曼妙的民间歌曲，狂野奔放的部落舞蹈，这些经过精妙的艺术化处理的大兴安岭部落风情震撼了一城又一城观众的心灵。剧场里，他们时而振臂欢呼，时而掩面而泣，时而默然沉思，完全陶醉在《敖鲁古雅》的歌声舞影之中。2011年5月，《敖鲁古雅》应智利总统之邀飞赴"地球之尽头"，参加第四届国际民俗文化节。在剧院里、在街头、在公路上、在田野间，《敖鲁古雅》绚烂的舞姿闪耀在拉美大地，燃起智利人民热情的火焰，并得到参演各国艺术团体的一致赞誉！

原生态舞台剧《敖鲁古雅》，以居住在中国岭极根河市敖鲁古雅乡的中国最后的狩猎部落、也是唯一使用驯鹿的民族——使鹿鄂温克族的民族文化为背景。以"中国最后的酋长"玛利亚·索为原型，讲述狩猎部落老酋长年轻时浪漫又充满坎坷的爱情故事，其中展现使鹿鄂温克即将消亡的舞蹈、民歌、仪式等文化遗产。同时这个部落目前仅剩200余人，驯鹿1000多头，他们的狩猎与驯鹿文化随时可能消失。

小神鹿

56

小神鹿之歌

二：《敖鲁古雅》艺术特征与文化价值的综合评价

全手工的服饰

　　使鹿鄂温克是我国唯一一个使用驯鹿、并还在以狩猎为主要生产生活方式的民族。他们生活在自然条件极为严酷的中国冷极——根河市敖鲁古雅乡。千百年的变迁，他们始终沿袭着较为原始的传统生活方式，因此他们成为了一个最接近自然的民族。因为依赖自然，所以更懂得感恩自然、尊重生命以及与万物生灵的和谐共处。如今，这个部族仅剩两百余人，驯鹿数量也在不断减少，民歌、服饰、仪式舞蹈等文化遗产濒临消亡。正因为他们生存方式的独特，也因为整个北极圈文化的共同性，保护他们文化的意义也从单一民族上升到世界的层面。

手捧受伤的爱人，伤心的艾雅玛

松鸡舞 　　　　　　　　　　　　　　　　　　　　　　　亦真亦幻的仙鹤舞

原生态舞台剧《敖鲁古雅》抢救性地收集了大量北方森林原生态猎民的民歌、舞蹈、器乐、形体艺术等弥足珍贵的文化素材。从音乐角度来讲，它不仅囊括了使鹿鄂温克族特有的乐器，还将最原始的"喉音发声打拍法"首次展现给观众。《敖鲁古雅》为完美还原寒带森林特征鲜明的自然原音，在国内舞台剧演出中第一次引入了杜比环绕音响效果，使观众仿佛置身于雾霭神秘的寒带森林之中，带给观众非凡的艺术享受。从舞蹈形体角度来看，《敖鲁古雅》的舞蹈形式与南方少数民族舞蹈的雅致委婉相比，更为浑厚内敛；与蒙古草原舞蹈的豪放不羁相比，它又显得细腻从容。萨满文化是使鹿鄂温克族不可忽视的重要部分，《敖鲁古雅》将在剧中开创性地以舞台现场形式展现已被列入国家非物质文化遗产的古老萨满舞。服装与布景也是本剧的一大特点，特有的图腾、纹饰、坠饰都诉说着与众不同的泛北极圈文化特征。

浪漫的鼓声 　　　　　　　　　　　　　　　　　　　　　　　神鹿上台

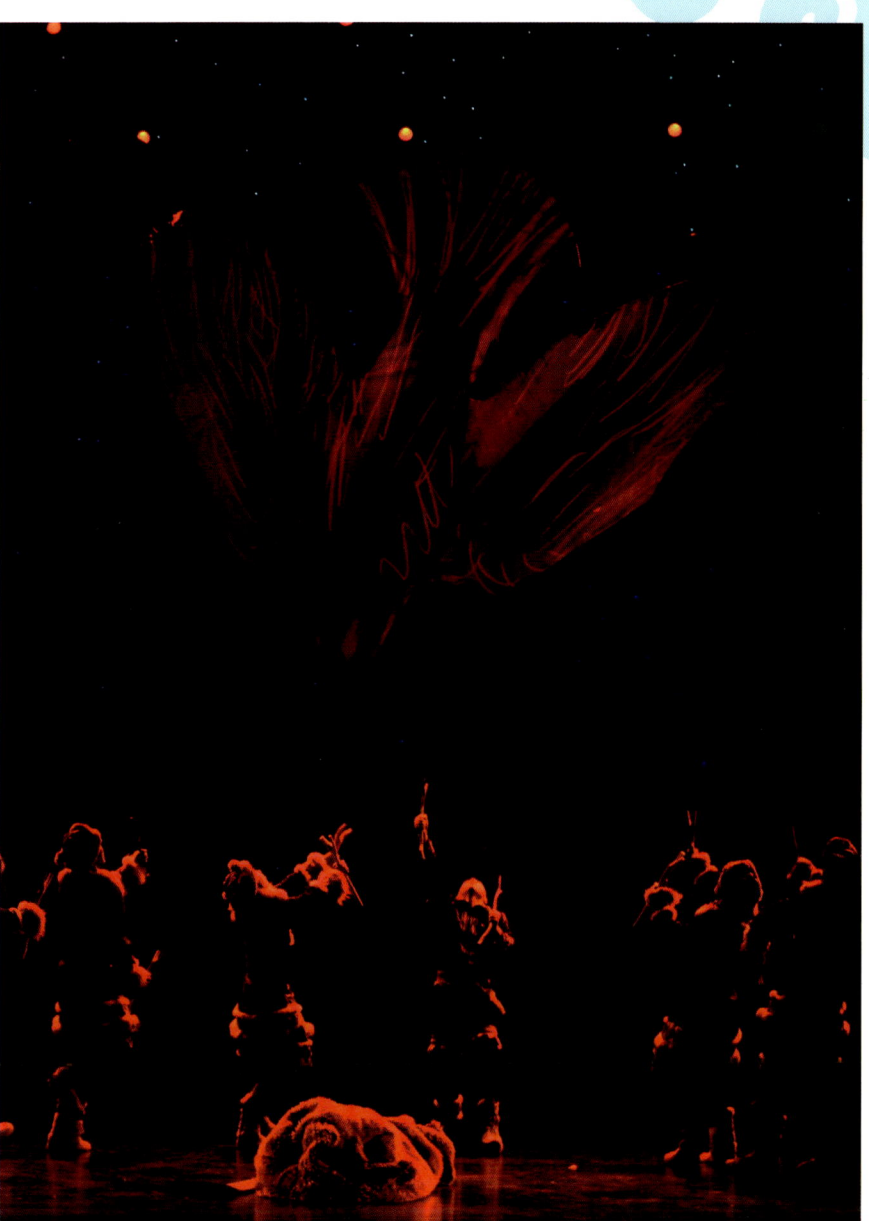

《敖鲁古雅》围绕鄂温克族少女艾雅玛与青年猎手别日坎的爱情故事，集中展现了使鹿鄂温克民族所有的民俗文化，同时将民族信仰、风俗习惯、仪式典礼、民族世界观等融入其中。《敖鲁古雅》是极地森林部落少数民族原生态生活形式的综合展演，这不仅填补了文化市场上的空白，更是使鹿鄂温克民族文化传承的重要里程碑。它是少之又少的少数民族艺术形式，同时也具有泛北极圈文化的国际特征，是中国具有此文化的唯一代表，亦是我国文化艺术宝库中不可或缺的组成部分。

祭熊仪式

三：舞台剧特点介绍：

古老而神秘的萨满舞

[声]：
逼真动听与扣人心弦的真实原音冻河破冰，第一股溪流潺潺涌出，鹿铃在耳畔清脆欢唱。逼真音效，感官震撼，完美还原寒带森林神秘特质，全身心体验别样极地风情。

猎人与暴食者

仙鹤舞　　　　　　　　　　　　　　　唯美的仙鹤舞

[画]:
全手工制作传统服装展现玄妙图腾纹饰

传说使鹿鄂温克人是大兴安岭深处神秘图腾的守护者。每一个图腾都有它的奥秘与玄妙，于是他们的服装、坠饰里写满了故事，刻满了传奇。

鄂温克婚礼

[歌]：
使鹿鄂温克族最原始"喉音发声打拍法"
高难度发声技巧，多发音器官共同协作，罕见的单体多声部极具穿透力，直击人心，呈现原始部落独特的野性魅力。

[舞]：
"鹿舞""仙鹤舞"再现狩猎部落"动物崇拜"
驯鹿是他们的伙伴，仙鹤是他们的神鸟。以腿部蹬踢弹跳为主的"鹿舞""仙鹤舞"，兼具芭蕾的轻柔、踢踏舞的律动，欢快大气，激情四射。

激动人心的呔喝儿

争风吃醋的额鲁乌特

别日坎的勇敢

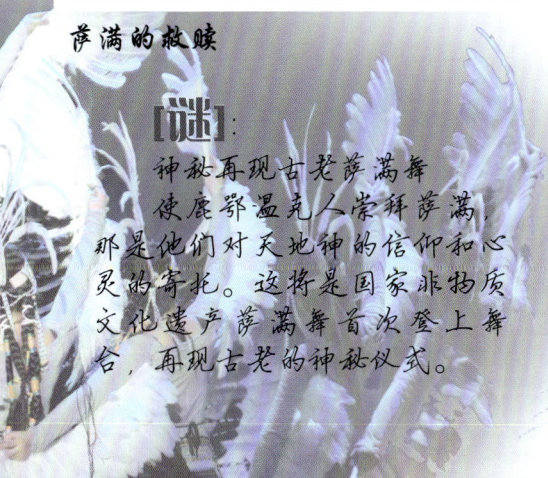

梦中的松鸡与仙鹤　　　　　　　　　别日坎深情地唱出《艾雅玛》

萨满的救赎

[谜]：
　　神秘再现古老萨满舞
　　使鹿鄂温克人崇拜萨满，那是他们对天地神的信仰和心灵的寄托。这将是国家非物质文化遗产萨满舞首次登上舞台，再现古老的神秘仪式。

热烈的松鸡与唯美的仙鹤

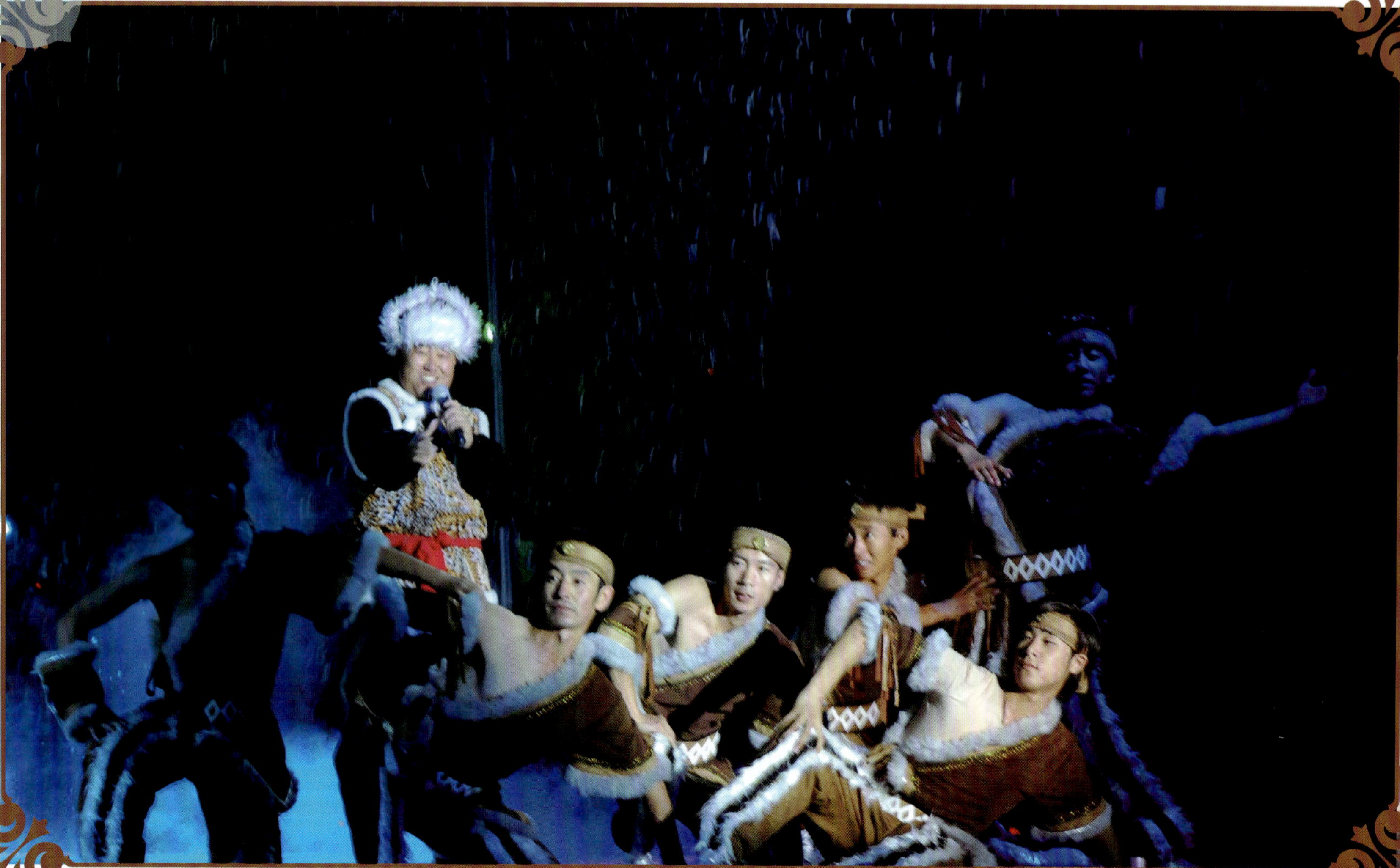

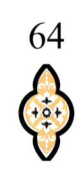

《绿野长歌》概述

一、鲜卑山的记忆

1. 狩猎舞起：成群的原始居民，手持棍棒、石块等狩猎工具上。舞者以刚健、野性、彪悍的舞蹈语言，艺术地展示大兴安岭的原始居民团结协作进行狩猎的片断。

2. 祭祀舞起：数名原始女人手持兽骨、野果等不同祭品准备祭祀活动。萨满手持兽骨在混沌歌声中起舞祭祀万灵。众人相随舞蹈。

3. 篝火舞起：原始居民中一群少女追逐嬉笑上。一男青年点燃篝火，众居民热烈狂舞，庆祝狩猎成功，舞动生命赞歌。

二、伐木的日子

1. 在上个世纪五十年代中期的大兴安岭林区，群山环抱的贮木场、楞垛。林区职工家属和孩子为劳动的工人送饭的亲切场面。

2. 火的洗礼

打火归来，疲惫的工人在舞台分角落休息。小女孩在工人中寻找，工人或回避，或掩饰。孩子的爸爸在大火中牺牲。

三、青山白雪作证

上个世纪九十年代以后到现在，大兴安岭林区的变化，从伐木到天保工程，林区的人们开始保护大森林，通过采野菜、采野果、种木耳、养狐狸等方法生活。并利用天然的冰雪资源，建立了滑雪场，吸引了大量游客。

四、和谐兴安

本台晚会展示了林区人、牙克石人民族团结，积极进取，社会和谐的良好精神风貌。展示了森工之都—冰雪之乡牙克石的城市品牌，这就是今天的大兴安岭，越来越美，越来越好的大兴安岭！

伐木的日子

67

和谐兴安

青山白雪作证

70

71

鲜卑山的记忆

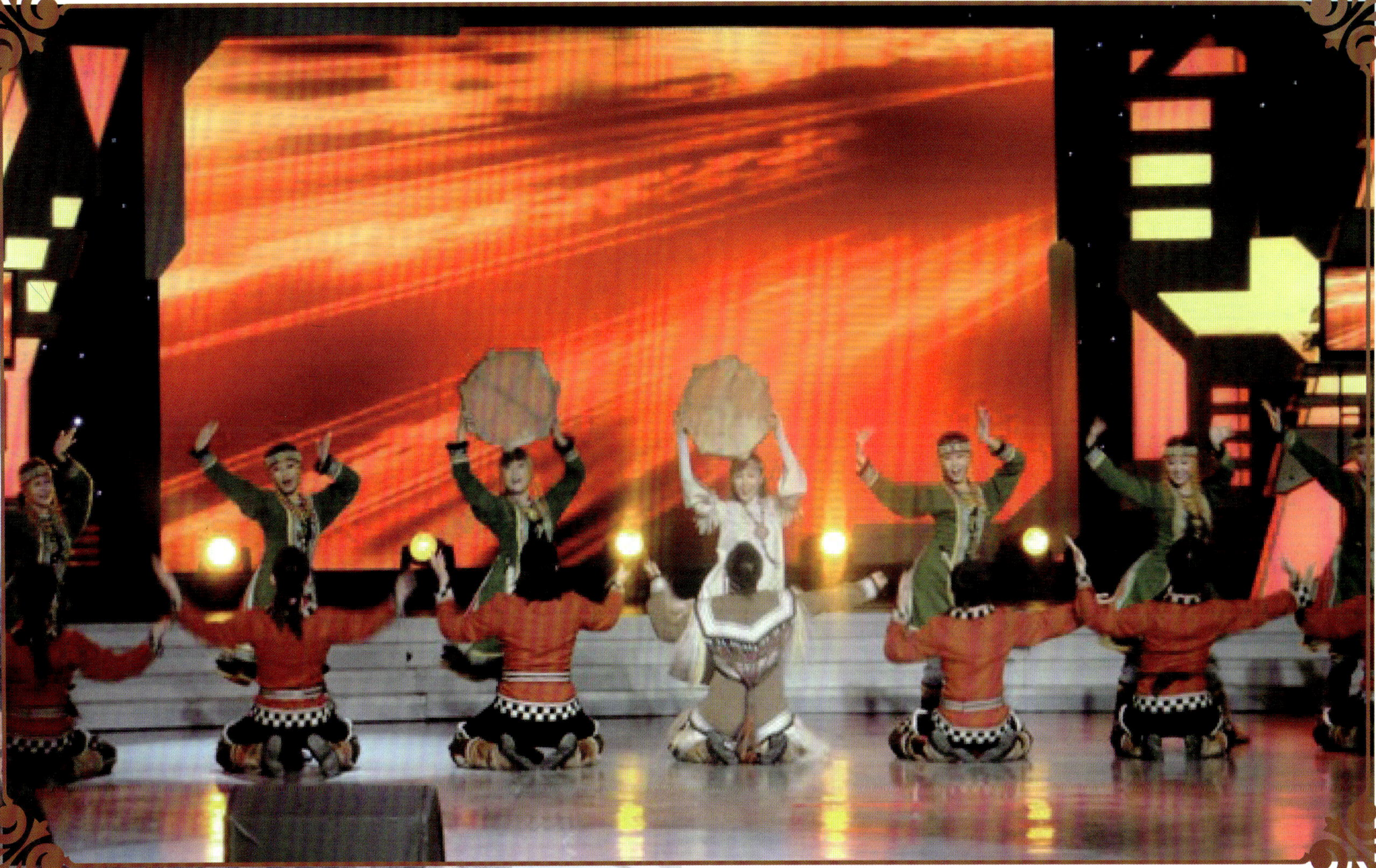

根河市乌兰牧骑

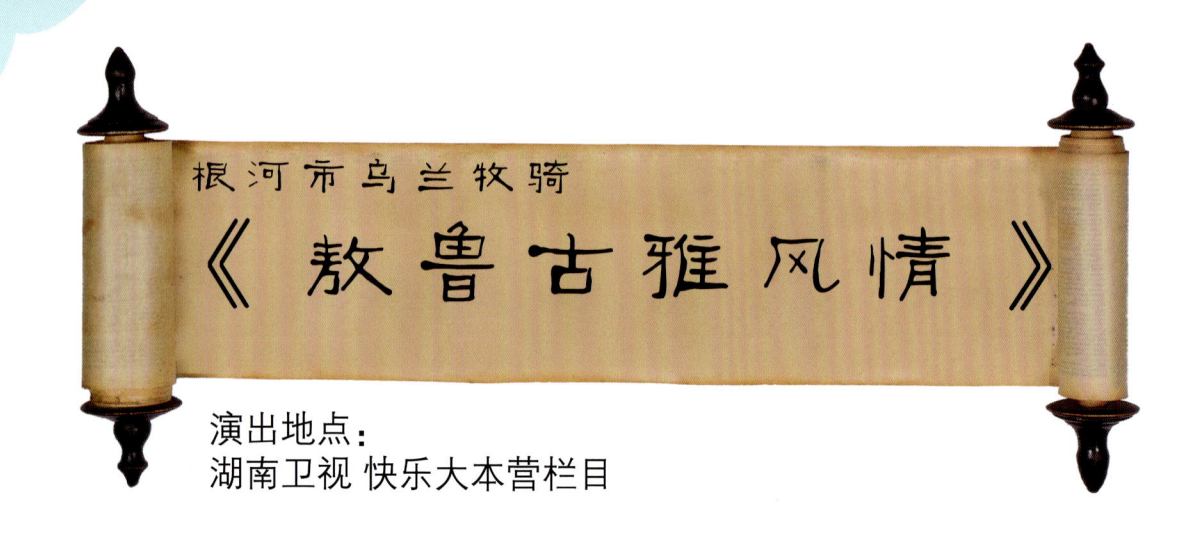

《敖鲁古雅风情》

演出地点：
湖南卫视 快乐大本营栏目

《浪漫的鼓声》：

一面蒙有麋鹿皮制作的鄂温克猎民单鼓，声音明快清脆，节奏短促有力，它是歌舞集会必不可少的伴奏乐器。在民间娱乐时，男孩边唱、边跳、边击鼓，女孩应声起舞。击鼓的变奏对表演起着主导作用，这种表演形式被称为"鼓舞"。

表演者：

李雪 方慧 高珊珊 董红果 刘倩丽 莹 杨婧
郭阿健 袁磊 鲁 巍 徐世琦 杨富斌 包曙华 尔然

75

根河市乌兰牧骑
《敖鲁古雅风情》

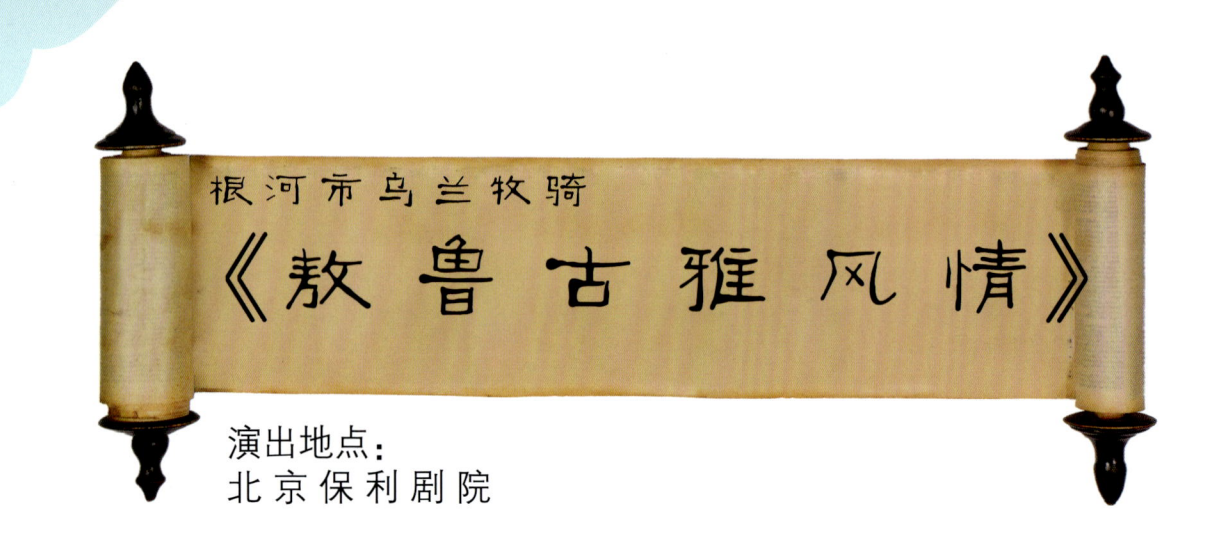

演出地点：
北京保利剧院

《古老的萨满》：

古老的萨满:萨满教万物有灵的神圣理念植根在每一个鄂温克人的心中。因此，鄂温克猎民在劳动、生产活动中细心维护着与自然、与主宰命运之神之间的和谐共处。鄂温克猎民每当举行盛大的祭奠仪式时，必定邀请尊贵的萨满老人为他们驱邪，求神灵的保佑。"古老的萨满舞"表现的是，为了庆祝丰收而狂欢的人们，首先要得到萨满老人的扶助，接受神灵恩赐给他们的祝福……

萨满表演者：

李冰

表演者：

李雪 方慧 高珊珊 董红果 刘倩 丽莹 杨静
郭阿健 秦磊 鲁巍 徐世琦 杨富斌 包曙华 孙然

表演者:

李 雪 方慧 高珊珊 董红果 刘倩 丽莹 杨婧
郭阿健 袁磊 鲁巍 徐世琦 杨富斌 包曙华 孙然

《舞动的套绳》：

每年入冬前期鄂温克猎民有一项非常重要的生产活动，那就是为雄鹿去势（即阉割）。身强力壮的青年猎民们，身穿鹿皮夹克，腰系皮带，脚穿轻便的鹿皮靴，身背绳索，精神抖擞的开始围追雄鹿。套绳被抛出半空，逐渐展开，准确落在驯鹿角上的那一瞬间是美丽的，这只是大兴安岭茫茫林海里鄂温克猎民生活的一个情景。"舞动的套绳"展现的就是这一瞬间的美丽。

表演者：

郭阿健 袁 磊 李冰 徐世琦
杨富斌 包曙华 孙然

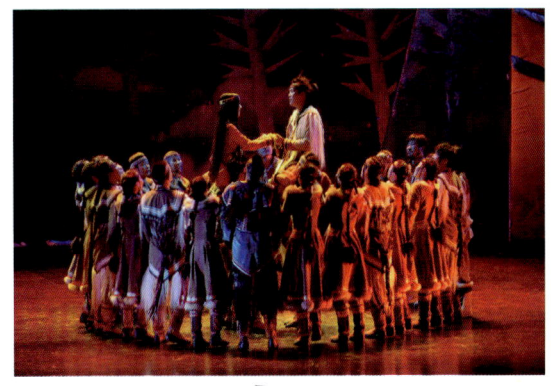

《相约希温契雅河》：

美丽可爱的鄂温克姑娘们，对爱情怀有永恒的忠诚。当她们一旦坠入爱河，古老而优美的歌声会为她们传达出心灵深处的美好向往。鄂温克人的传说中，几乎没有长者干预恋爱青年的事情，同龄之间的竞争最终是由勇敢、勤奋、善良的心赢得爱情而告终。鄂温克青年人的爱情故事是他们留给民间文化宝库的珍品，带着鲜明的地域特色和民族风采，充满理想主义的美丽风情。

领 舞：

郭阿健 李 雪

伴 舞：

方 慧 高珊珊 董红果 刘 倩 丽 莹 杨 婧

《猎人与动物》：

　　鄂温克族是狩猎的民族，男人们很小的时候就会跟着父辈，学习狩猎技能，在漫长的狩猎生活中，积累了丰富的经验和掌握了在恶劣的条件下生存的能力。几乎所有的鄂温克男人都会狩猎，狩猎过程是艰辛和惊险的，却颇有乐趣，在猎人与动物的表演里，美丽善良的姑娘把自己的心上人介绍给了她的父亲和亲友、伙伴们。父亲看到眼前身强力壮的年轻人非常满意，但因为好奇，想试探试探青年猎手的打猎本领，叫年轻人把自己的狩猎智慧和技能展示给大家，聪明帅气的小伙子，没有选择死板的讲述，而把自己捕猎的惊险而风趣的情景，惟妙惟肖的演示给了众人，得到阵阵喝彩，也得到了父亲的赞许。

表演者：

文强　袁磊

《吉祥的库马兰》：

部族里的猎人们，狩猎猛兽时，不但所有壮年男子全体出动，而且走得很远，常常十天半月不回家。家中的女人担心亲人的安全，为了分散心中的忧虑，常常聚在一起缝缝补补，绣花刻画，消磨时间。"库马兰"是鄂温克语，指带有祝福吉祥含义的"坐垫"。家里留下来的女人们，为了上山打猎而远走的男人平安回家，拿起针线绣起吉祥的"库马兰"。一件件象征着平安吉祥，漂亮精致的"库马兰"的制作成型，女人们心升喜悦。开始比较起手中的"库马兰"的优劣长短，以此安抚着彼此的牵挂。由于劳动成果带来的快乐，妇女们暂时忘掉了对亲人的担忧，心情平静了许多，又有说有笑了！

领　舞：
李　雪

表演者：
方慧　高珊珊　董红果　刘倩
丽莹　杨婧

表演者:

郭阿健　袁磊　李冰　鲁巍
徐世琦　杨富斌　包曙华　孙然

《熊的祭礼》:

从古至今，丛林之王——熊，在鄂温克猎人的日常生活和精神世界中，占有神秘而特殊的位置。平时在森林中与熊相遇的时候，猎人们并不会主动攻击熊的，因为避之不及不是故意伤害它，为了自卫而联合起来进行反击。为了避免神灵误解，要进行葬熊仪式，仪式上要向神灵交代，这只熊的死因是乌鸦的贪婪、好吃懒做造成的。于是，一群乌鸦出现表现，分吃熊肉的狼狈情景。连接"乌鸦舞"。

《仙鹤舞》：

鹤鸟被鄂温克视为神鸟。在古老的萨满神服的装饰里就有鹤鸟的造型。是萨满与诸神之间传送信息的众多神鸟之一。即使是当今，人们还是相信鹤鸟是吉祥之鸟。鹤鸟的到来会带来吉祥安康，鹤鸟的叫声象征着风调雨顺。在民间传说中鹤鸟又是以美丽与高尚的象征常常出现。由于对鹤鸟的崇拜和赞赏，鄂温克女孩们希望自己的舞姿像鹤鸟一样优美，常常在跳舞时作出鹤鸟的飞翔、鹤鸟的戏水、啄食、走姿等动作，展示少女线条的美丽，于是这一"仙鹤舞"诞生了。

领　舞：

李　雪

表演者：

方　慧　　高珊珊
董红果　　刘　倩
丽　莹　　杨　婧

《松鸡舞》：

展示美丽典雅、可亲可爱是女孩的天性，展示调皮捣蛋、幽默风趣是男孩的特性。"松鸡舞"就是表达男孩的幽默风趣。让人感到风趣和可爱。

领 舞：

郭阿健

表演者：

袁 磊 李 冰 鲁 巍 徐世琦
杨富斌 包曙华 孙 然

《狂欢的吆呼尔》：

　　鄂温克人的篝火庆典，一般都是为庆祝猎业丰收的盛会。所有的猎民都赶着驯鹿集中到预定的地点，安营扎寨在河流两岸开阔的草地上。等到有威望的猎手都到齐后，有指定的主持人捧起鹿哨，向着太阳落山的方向吹上三声，男女老少挽着手围在篝火前，一边跳一边唱。每次大型篝火集会对于青年来说是传递恋情的大好时机。庆典活动结束后一定会产生一对对相恋的新人，"狂欢的吆呼尔"表达的是一场婚礼仪式，两个年轻的情侣结合在了一起，有威望的长者把年轻人招呼到一起，开始跳起热情奔放的"吆呼尔舞"。表达对一对新人的祝福。

领　舞：

郭阿健　李雪　萨满　李冰

表演者：

芳慧　高珊珊　董红果　刘倩
丽莹　杨静　袁磊　徐世琦
孙然　包曙华　杨富斌　鲁威

《身边的太阳》：

在鄂温克人的传说中，太阳是一位年轻、漂亮、勤奋的姑娘，她每天按时为宇宙万物长碌着，鄂温克人每天都辛勤劳作为万物平安而祝愿，希望得到太阳姑娘的保佑。当太阳姑娘终于睁开双眼，露出笑脸的时候，春天来到鄂温克人身边。雪融化了、布谷鸟叫了、鹿崽奔跑、太阳姑娘走近她的身边……初升的太阳是美丽的化身，鄂温克人以少女来比喻她的美丽，她是普照万物生长的源泉，鄂温克人还用母爱来赞美她的无私。

领 舞：

郭阿健 李雪 萨满

表演者：

方 慧 高珊珊 董红果 刘 倩
丽 莹 杨 靖 春 磊 徐世琦
包曙华 杨富斌 孙 然 鲁 巍

87

根河市乌兰牧骑

《敖鲁古雅风情》

演出地点：我要上春晚栏目

《仙鹤与松鸡赛舞》：

鹤鸟被鄂温克人视为神鸟。在古老的萨满神服的装饰里就有鹤鸟的造型。是萨满与诸神之间传送信息的众多神鸟之一。即使是当今，人们还是相信鹤鸟是吉祥之鸟。鹤鸟的到来带来吉祥安康，鹤鸟的叫声象征着风调雨顺。在民间传说的故事中鹤鸟又是以美丽与高尚的象征常常出现。由于对鹤鸟的崇拜和赞赏，鄂温克女孩们希望自己的舞姿像鹤鸟一样优美，常常在跳舞时做出鹤鸟的飞翔、鹤鸟的戏水、啄食、走姿等动作，展示少女线条的美丽。于是这"仙鹤舞"诞生了。

展示美丽典雅、可亲可爱是女孩的天性，展示调皮捣蛋、幽默风趣是男孩的特性。"仙鹤与松鸡赛舞"节目里，看到女孩们展示"仙鹤舞"的美姿后，男孩们为了有表现，选择了以"松鸡"动态来表达自己的幽默风趣。两种绝然不同的风格舞姿相比较，让人感到风趣又可爱。

领　舞：郭阿健
表演者：

袁磊　李冰　鲁巍然　徐世琦
杨富斌　包曙华　孙方　李雪莹
杨婧　刘倩　方慧丽
高珊珊　董红果

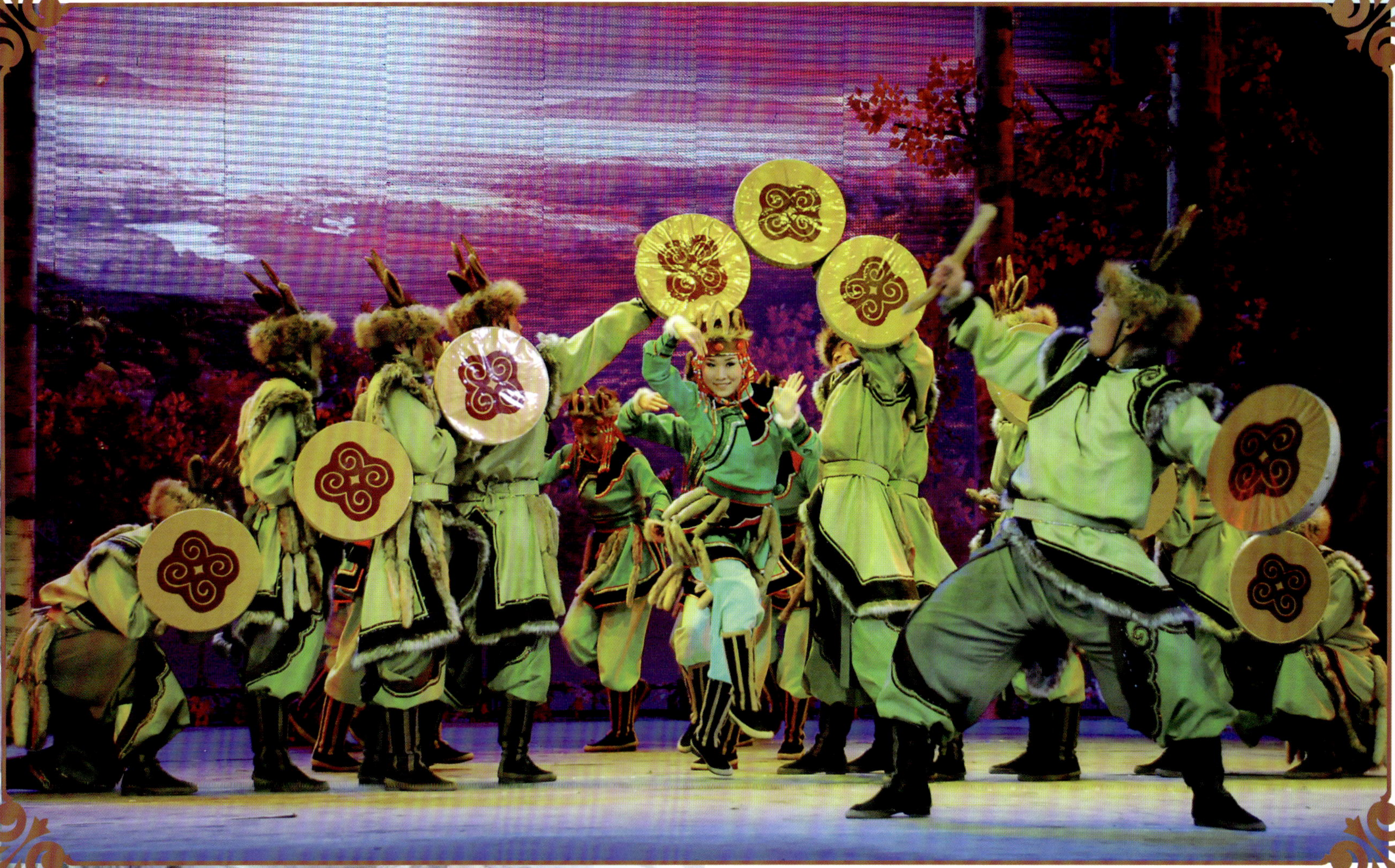

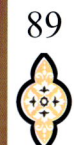

大型民族歌舞集《勇敢的鄂伦春》

作品概述

关于整体定位

本剧将试图抛开本民族所具有的区域分布特征,通过鄂伦春民族千百年来形成的生命状态以及与生俱来的精神本质,展现这一古老的狩猎民族独一无二的民族文化。

关于文学构成

鄂伦春民族是一个世代以狩猎为生的民族,也是当今世界唯一一个将狩猎文化完整保存至今的民族。我们将以狩猎这一鄂伦春族特有的生产生活方式及其文化形态作为本剧目的文学核心。

关于表现手法

我们采用"新原生态"的表现手法。

毋庸置疑,在全剧中,我们尽可能多的汲取了鄂伦春民族包括非物质文化遗产在内的原生态的古老艺术形式,然而,如果我们不以现代舞台艺术的表现手段为载体,以新锐的视角挖掘全新的文化内涵,那样将很难将这一厚重而细腻的舞台巨作,打造成集中表现鄂伦春民族情感又能被当代人所喜闻乐见的艺术精品。

关于作品结构

鄂伦春人世代居住大森林以狩猎为生,基于以上因素我们将作品结构按狩猎活动为主线,以兴安岭四季分明的季节为章节,丝丝相扣,色彩纷呈。

入场造境

剧场的入口处，门的两侧均以桦树皮包裹着，呈现出森林特有的浓郁气息以及狩猎民族独一无二的文化特征。古朴而庄重，让人置身于大兴安岭的丛林之中。

独具狩猎民族特征的鄂伦春古歌若隐若现，仿佛穿越时空的叹息……

三处松木火盆摆放在入口处，萨满鼓渐渐地响起来了，身穿隆重仪式化的鄂伦春老人手执松树枝，伴随着喃喃自语般的祷词，引领来宾及观众在族众的簇拥下，脚步缓慢而庄重地绕行进入剧场。

舞剧《勇敢的鄂伦春》白娟、安蕊演唱"神鹿啊神鹿"

舞剧《勇敢的鄂伦春》表演唱"打猎归来"

序

旁白：

在内蒙古的东北部，中国北方的北方，坐拥着中国最大的亚寒带原始森林——大兴安岭森林，这里几乎完整无缺地收藏了人类历史与生命进化的所有符号，记录着鄂伦春人所有与森林有关的情结。

我们鄂伦春人，一个人数不足万人、自称为"山岭上的人"的狩猎民族，便是这片大森林的主人。千百年来，一匹烈马，一杆猎枪，在莽莽苍苍的林海深处，我们与这片古老的森林一道，共同完美了一部人类狩猎文化史诗的最后篇章……

（音乐起）

纱幕垂挂的舞台。

舞台中央，显示屏以斜仁柱的

造型，整个背景深远而有韵味，凝固着岁月的痕迹，有一鄂伦春老妇人，轻声哼唱着古老的鄂伦春民歌《鄂呼兰，德呼兰》，并时不时地走上舞台，以松枝挑拨着舞台中央的火盆为其助燃……

火塘旁，老人的动作在《鄂呼兰，德呼兰》的哼唱声中戛然而止，定格为雕塑一般。

在舞台的各个角落，伴着自然的音效，相继切换着出现蒙太奇般的画面——擦枪、瞄准的年轻猎手端起枪后的定格；熟皮子的中年女人在抖皮张后的定格；桦皮摇篮旁的母亲将摇篮挂起的定格；女孩们采集野果嬉戏的定格；老夫人晾鹿肉干后的定格……几组极具鄂伦春民族生产生活的片段场景生动闪现。

舞剧《勇敢的鄂伦春》曲云演唱"赞达仁"

第一章 火塘·夏

主题词：森林、神秘、原始、期待

旁白：

祖辈们一直在说：我们是大自然的一部分，因此，我们没有超越它的理由。

我们生下来就是兴安岭的主人，生下来就是萨满的信徒。

巍巍兴安，茫茫林海。有风的地方就有我们与天地、与阳光……与万物的对语，即使在生死之间，也充满了我们内心的虔诚。

这一天，鹿哨从山坳里响起来了，松木火燃起来了，萨满鼓在山林里回荡……族人们从四面八方聚集

舞剧《勇敢的鄂伦春》曲云演唱"鄂呼兰德呼兰"

到了一起，在穆昆达的指引下，开始用一只鹿的肩胛骨做一次出猎前的占卜。他们将根据被火烘烤后肩胛骨上的纹路判断出猎的最佳时间，以及出行的线路。

我们的灵魂在白桦树下顶礼膜拜，等待预言的诞生，神灵的气味在空气里弥漫……

（接《呼伦贝尔大草原》）

一、鄂呼兰德呼兰（服饰展演）：

遥远的鹿哨声自纵深处响起，昏暗的舞台上渐渐起光，一切仿佛被唤醒，一切都变得神秘不可测。

穆昆达在部族众猎人的簇拥下，率领着身穿各色各式鄂伦春服饰的部族男女老少，手拿着鹿肩胛骨走上舞台，为出猎前占卜，在诵词声中纷纷将肩胛骨投入火塘。

这是一段极具仪式感的服饰展演，通过占卜仪式与服饰文化的结合，将鄂伦春族古老的文化在整个舞台上流动，撼人心魄。

舞剧《勇敢的鄂伦春》骨卜场景

二、骨卜

舞台上弥漫火塘的光芒，铺满整个地面，微弱而温暖。

穆昆达自火堆中，拿出骨头。鄂伦春人骨卜的习俗，根据裂纹的部位、形状判断狩猎吉凶祸福。我们着力表现作为森林民族的鄂伦春人对于火神的顶礼膜拜以及出猎前以鹿肩胛骨作为占卜工具，以选择狩猎时机的古老习俗。

诵词声愈加急促，火塘中发出越来越清晰、紧凑的爆裂声……一群年轻骁勇的鄂伦春猎手们手急不可待地摩拳擦掌，跃跃欲试。

舞剧《勇敢的鄂伦春》歌曲"鄂伦春小唱"

三、年轻的莫日根

人群中顿时鼓声隆隆，舞台上方垂下无数鹿的肩胛骨，其中大屏幕上也出现一个巨大的肩胛骨，并在噼啪噼啪声中出现鲜明的裂痕，穆昆达的声音辽远又高亢……大屏幕上出现一行古意十足而遒劲有力的大字：公元××年×月×日狩猎大吉！

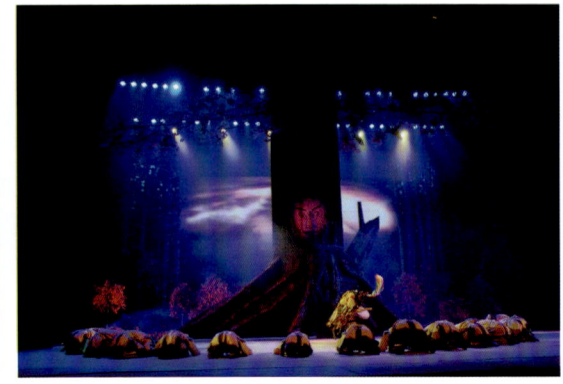

舞剧《勇敢的鄂伦春》
舞蹈"山神祭"

第二章 远山·秋

主题词：部落、温暖、亲情、热烈

一、送行舞

森林深处的一开阔地带。

舒缓的音乐撕开森林里的晨雾，猎民村的清晨里，勇敢的莫日根们出猎了。

这是一段表现鄂伦春男人豪迈气质的舞段，同时包含着男女间难舍难分的惜别之情。

旁白：

季节的语言写满了森林的每一个叶片，远山跳跃着生命的诱惑。

猎人们出猎了。

踏着落叶，踏着太阳投下的第一缕晨曦，踏着女人们用潮湿的目光铺开的山路……

那个清晨，老人们用山歌编织起先辈留下的殷殷嘱托，祈求山神白纳恰的庇护，吕日格勒舞震颤了整个山林。

猎人们出猎了，唤出躁动的猎马，眼睛里闪动着猎刀一样寒冷的光芒！

二、赞达仁

按照鄂伦春人古老的习俗，在狩猎中会有很多的禁忌需要由老人提醒，并世代以口头的形式传承。

赞达仁是鄂伦春的特有的山歌题材，往往适宜于即兴演唱。

通过鄂伦春老人嘱托般的教诲，反映鄂伦春人尊崇自然的传统理念，以及人与自然的和谐关系。

舞剧《勇敢的鄂伦春》
舞蹈"依哈嫩"

舞剧《勇敢的鄂伦春》舞蹈"斗熊"

三、山神祭

白纳恰，意为山神，是鄂伦春人极为信奉的神祇之一。

以山神面具为舞台符号，极具仪式感的祭祀舞蹈，表现鄂伦春人对于白纳恰的敬畏与膜拜，有撼人心魄的力量。

四、吕日格勒

吕日格勒，鄂伦春传统的集体狂欢舞。直译为"大闹一场"的意思。

舞蹈时，众人手拉手围成圆圈，左右跳动，身体微微向里倾斜，以代表他们居住的斜仁柱。在激烈的呼号声中，情绪逐渐推向高潮。

第三章 围猎·冬

旁白：

　　鄂伦春人生下来就属于森林，森林给予我们的不仅仅是生命，还有在生命的孕育中与生俱来的勇敢和智慧。

　　我们在树叶与微风的稀疏碰撞中学会了语言，我们在山泉与大地的交谈里学会了尊重……

　　万年的洪荒，千年的守望。在大自然的伟力面前，我们祖祖辈辈都尊崇着天人合一的法则以及万物有灵的图腾崇拜。我们之所以在森林的面前谦恭，是因为这里的土地无处不隐喻着神明的意志，以及我们鄂伦春祖先流传百世的遗言……

　　森林赋予了我们，我们也把自己交还给森林……

舞剧《勇敢的鄂伦春》
舞蹈"山神祭"

舞剧《勇敢的鄂伦春》舞蹈"送行"

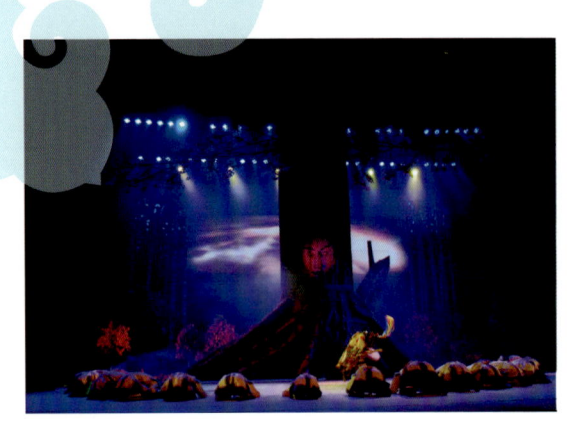

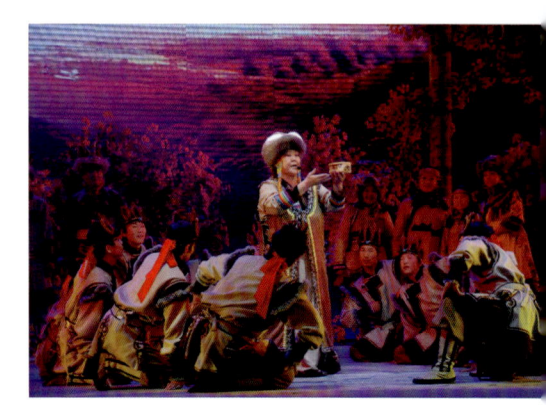

一、围猎舞：

围猎是鄂伦春猎民的集体狩猎方式。这是一段表现鄂伦春猎人狩猎生活的男性舞蹈。

我们将颠覆常规的表现手法，以往传统意义上的狍皮帽将被涂上特制的荧光，在紫光灯的映照下，舞台上只显示狍子的形象，而只有在全光的情况下，才显露出猎人们飒爽的英姿。

本舞蹈充满动感，表现鄂伦春猎人生动的狩猎场面以及他们积极乐观的民族性格。

二、斗熊舞：

艺术起源于劳动，而斗熊舞是一种具有狩猎文化原始气息的民族民间艺术形式，带有鲜明而强烈的图腾禁忌色彩。

鄂伦春人对于熊的敬畏使得他们视熊、狼、虎为祖先，称公熊为"雅亚"（祖父），称母熊为"太帖"（祖母）。猎获熊之后他们会佯装悲哀的样子，对熊进行风葬，并祈祷为他们避免灾祸，带来好运。

三、神鹿（母女对唱）

自然的伤口，往往是文化的伤口。

神鹿是鄂伦春民族心中的美好图腾，世代在他们的神话故事中流传，寄托着他们的无限情思。

本节目采用母女对唱的形式，在淡淡的忧伤中感受一个狩猎民族对于森林生活的无比依恋以及在现代文明中的一丝失落。

四、依哈嫩舞

"依哈嫩"是反映猎人获取猎物后丰收喜悦心情的传统舞蹈，通常一男一女为一组，相互手拉手，以象征两人抬着获取的猎物。

此段舞表现鄂伦春猎民狩猎后的愉悦。

第四章 家园·春

主题词：明亮、灿烂、喜庆、悠远

旁白：

一代一代的鄂伦春人出生在这片森林，然后又一代一代地消失在这片森林。莽莽苍苍的大兴安岭生养了他们的生命，最后也栖居着他们的灵魂。

我们就是这样幸运地拥有着森林，拥有着大兴安岭美丽而富饶的家园。

当春天的讯息最早在达子香的花蕊里绽放，如火如荼地染红山崖，猎人们回来了，牵着远方涌来的早春的清风，牵着太阳神遥远的注目……

看吧，篝火燃起来了！

一个古老的森林民族的未来，正伴随着熊熊燃烧的篝火，带着祖祖辈辈的期许，迎着新世纪的目光升腾！

一、达子香

被鄂伦春人称为达子香的兴安岭杜鹃花，是世代居住在森林里的鄂伦春人心目中美好情感的象征。

舞台上花儿一样的鄂伦春少女，以绚丽的色彩装扮着山林，并以排舞的形式展现女性的生动魅力。

高潮处，手中的达子香花次第盛开，美妙绝伦，最后形成一个斜仁柱式的花形通道，迎接狩猎凯旋的勇士。

二、打猎归来

这是一首非常有名的鄂伦春民歌，歌曲诙谐、欢快，我们借助这首歌曲表现鄂伦春人猎归来的喜庆场面。

勇士们自达子香花构成的斜仁柱型通道出场，与阔别后的女人们一道载歌载舞。

三、欢庆篝火

篝火是人类文明的始作俑者，是鄂伦春人的精神象征。

在欢庆的时刻，他们总是要借助熊熊的篝火点燃内心的欢乐。

这是一段男女共同狂欢的喜庆场面，段落中有火神形象的女演员穿接其中，在场所有演员以桃鸡舞的典型动作，在鼓声、呼号声中，将气氛推向高潮！

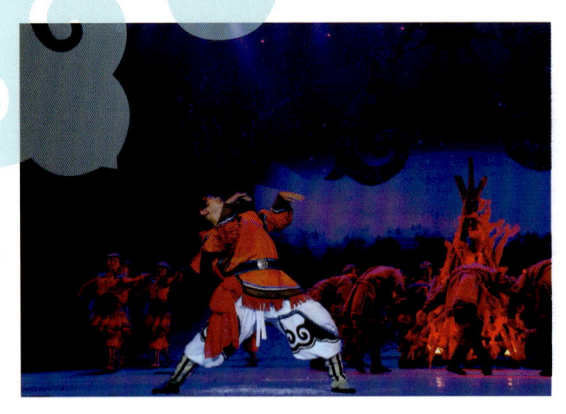

四、鄂伦春小唱

《鄂伦春小唱》反映了鄂伦春人在那个特定的历史年代里的真实写照,而《新鄂伦春小唱》则表现了鄂伦春人全面禁猎,实现历史上第三次历史跨越的崭新风貌。

我们利用这样两首不同时代的歌曲,以小组唱的轮唱形式,运用各种音乐表现手法,将鄂伦春人在不同历史时期里的状态做一个鲜明的对比。

全体演员出场谢幕。
☆剧终☆

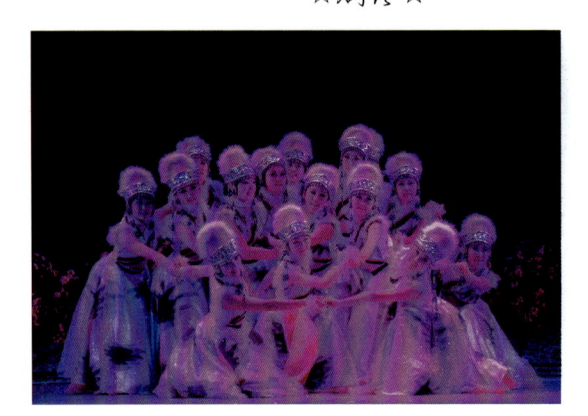

鄂温克勇士

鄂温克旗乌兰牧骑

1、舞蹈《鄂温克勇士》

海兰察是鄂温克族历史上一位勇猛无敌的民族英雄，他不仅是鄂温克人民心中的勇士，更是大清朝在平灭准葛尔叛乱中立下赫赫战功的著名将领，舞蹈体现了海兰察为保卫国家领土完整，人民幸福安康，在战场上浴血奋战，并屡建奇功。

2005年5月赴深圳参加了由党委宣传部、内蒙古广播电影电视局、内蒙古自治区文化厅联合主办的2005年春节晚会《我们是双翼的神马》的演出。

2005年8月参加第三届内蒙古自治区乌兰牧骑艺术节荣获表演一等奖。

萨满教是人类最原始的宗教，流传广泛，世界各地的狩猎、游牧民族都曾经信仰，尤其北方少数民族。舞蹈体现了萨满在祈福草原人民幸福安康、五畜丰登。

　　2005年8月参加第三届内蒙古自治区乌兰牧骑艺术节荣获创作一等奖、表演二等奖。

　　2005年10月代表内蒙古自治区唯一一支队伍赴山西省临汾市参加第七届中国民间文艺山花奖，民间艺术表演获入围作品奖。

2、舞蹈《萨满》

3、舞蹈《鄂温克风韵》

鄂温克姑娘们有着纯朴、善良的美德，她们聪颖伶俐、勤劳持家，在生产生活中她们从事着传统的手工业，用勤劳的双手和美丽的心灵创造着美好的生活。

2008年12月在首届漠河中国北方少数民族服装服饰展演中获得创作二等奖、表演一等奖。

4、舞蹈《索伦悍》

清朝年间，英勇善战的索伦骠骑，为捍卫祖国领土完整，做出巨大贡献。舞蹈体现了当代青年在先辈精神的鼓舞下，迈着铿锵有力的步伐，团结拼搏、开拓进取，共建美好家园的精神风貌。

2008年12月参加首届漠河中国北方少数民族服装服饰展演中获得创作、表演一等奖。

5、舞蹈《抢银碗》

"抢银碗"是由鄂温克古老婚礼上青年们嬉戏、玩耍演变而来的民族传统礼俗,是智慧与力量的展示,舞蹈体现了鄂温克青年们团结向上的精神风貌,对生活爱情的热爱与憧憬。

2010年8月参加第五届内蒙古自治区乌兰牧骑艺术节获创作二等奖。

6、舞蹈《鄂温克篝火》

篝火象征着吉祥、圣洁、纯朴自然。

舞蹈表现了在欢乐的瑟宾节上，点燃神圣的篝火，熊熊燃烧的篝火，体现了对未来美好生活、事业的期盼。鄂温克族人民的生活在党的光辉照耀下蒸蒸日上，蓬勃发展。

抢枢是鄂温克族同自然界搏击中流传下来的一项传统竞技类项目。

千百年来，勒勒车承载着鄂温克人在碧野清风的广袤草原，划过长长的生命辙痕。"枢"是勒勒车轱辘上的销，此项运动比赛时紧张、激烈、风趣，舞蹈赞扬鄂温克民族勤劳勇敢和聪明机智的优秀品质。

2007年8月参加第四届内蒙古自治区乌兰牧骑艺术节荣获表演二等奖。

2008年12月参加首届漠河中国北方少数民族服装服饰展演中获得创作、表演一等奖。

7、舞蹈《抢枢》

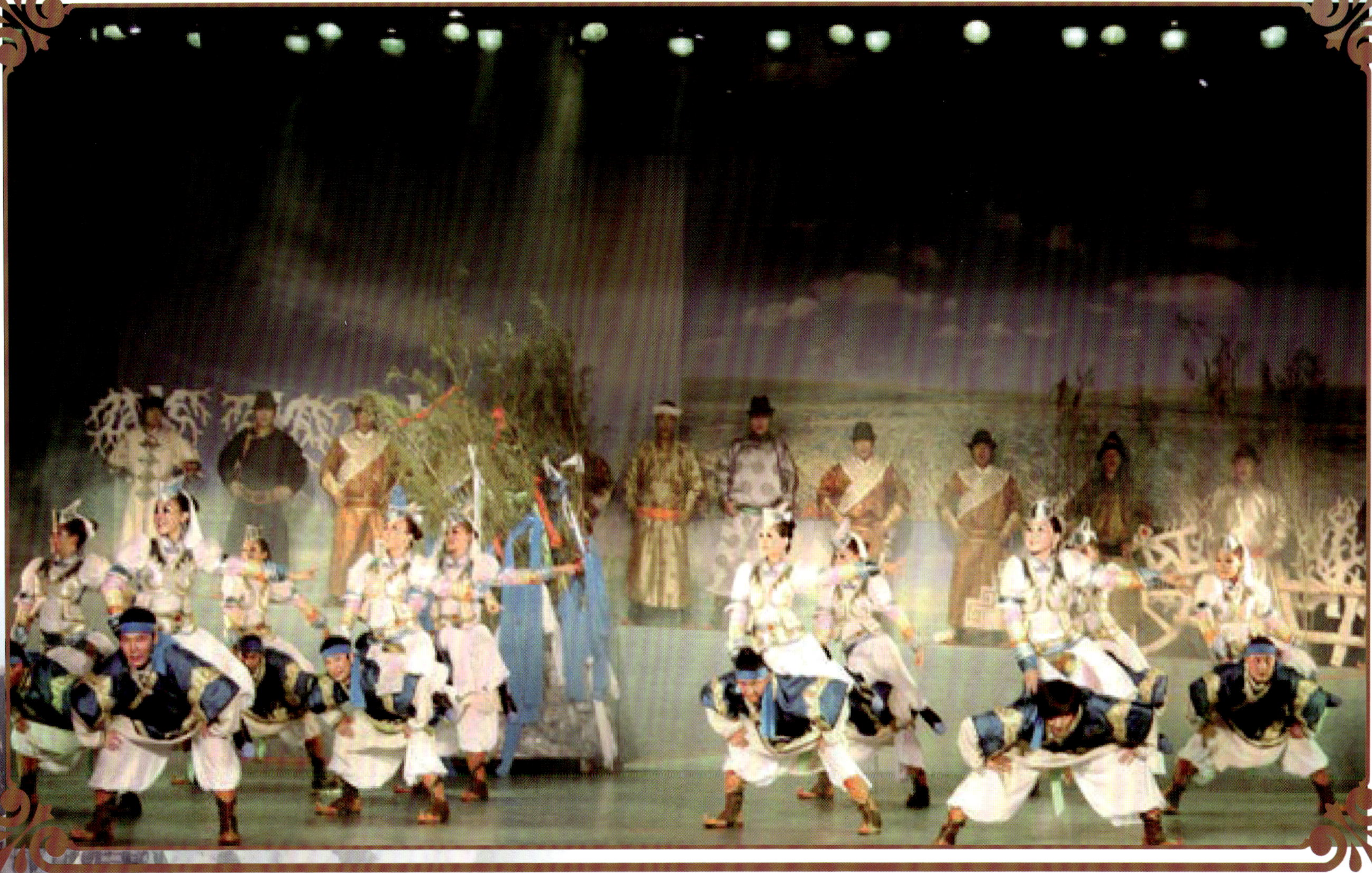

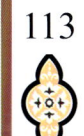

（巴尔虎歌舞剧）

《天鹅之子》

编剧 孛·蒙赫达赉
2009年3月5日

序 幕

一个古老的传说《天鹅的故事》。

一位巴尔虎老阿爸坐在巴尔虎毡蓬勒勒车前，用马头琴在拉着一首古老忧伤的巴尔虎民歌。

草原的天空上有成群的天鹅飞过，不停的发出"咕嘎、咕嘎"的呼唤声。听到天鹅的呼唤声，巴尔虎老额吉走出外面围有柳条的巴尔虎夏季用的蒙古包，她手提有铜条的木奶桶，将木勺举过头顶不停地向天空中飞过的天鹅歌洒鲜奶（这时伴随着用蒙古语演唱的巴尔虎长调民歌《辽阔草原》），在老额吉身后跟着5位身穿巴尔虎服饰的妇女。

在音乐中，老阿爸对众人说："孩子们，你们知道我们巴尔虎人在草原最美的季节里，为什么要给神圣的敖包敬献蓝色和白色的哈达吗？你们知道我们巴尔虎新娘子华丽的头饰，为什么要做成天鹅翅膀般的模样吗？你们知道我们巴尔虎人为什么喜欢用白色和蓝色的围巾缠头吗？"

老阿爸从怀中取出银碗，老额吉用银壶给老阿爸斟满奶酒，老阿爸用无名指蘸酒向天空弹三次后说：你们看到天空中飞过的天鹅了吗？天鹅是我们巴尔虎人的哈祖母，天鹅是我们巴尔虎人的保护神，我们都是神鸟阿拉坦嘎鲁的后代，我们巴尔虎人从起源到今天世世代代都要祭敖包，来祈求天鹅降福。蓝色的哈达象征着我们蓝色的摇篮贝加尔湖，白色的哈达和白银做成头饰象征着高贵洁白的圣祖母天鹅。

最后，老阿爸，额吉带领众人，不断地高声呼喊"天鹅祖先、呼瑞呼瑞"、"祝福我们巴尔虎、呼瑞呼瑞"。

音乐长度大约5分钟。

第一幕

一、女群舞《神鸟天鹅》

一段优美柔情的天鹅舞，表达的内容：天鹅是我们巴尔虎人的始祖母，天鹅是我们巴尔虎人的保护神，天鹅给我们巴尔虎族人带来圣火、光明和温暖，天鹅给我们巴尔虎人留下桦木神杆。

音乐长度4.5分钟。

二、女声合唱《天鹅之歌》

  天鹅飞南方
天鹅回北方
  追赶温暖阳光
带回温暖阳光
  贝加尔湖摇篮的圣火
呼伦贝尔的草原炊烟
  温暖着巴尔虎的胸膛
是你衔来的圣火点燃
  你把那蓝天般的挚爱
天鹅之子的千年梦想

倾注在天鹅之子身上　　　　　　　　是心中有飞翔的翅膀
啊天鹅祖先爱在人间　　　　　　　　啊天鹅祖先爱在人间
啊桦木神杆祝福草原　　　　　　　　啊桦木神杆祝福草原
呼瑞呼瑞　　　　　　　　　　　　　呼瑞呼瑞

三、男声独唱《岱巴特尔颂》歌词何天锋

矫健的雄鹰在蓝天上飞翔，　　　　　祖先的传说在贝加尔湖流淌，
追风的骏马在草原上奔腾。　　　　　英雄的故事在巴尔虎草原激荡。
森林是你温暖的故乡，　　　　　　　森林是你坚硬的铁骨，
草原是你宽广的牧场。　　　　　　　草原是你博大的胸膛，

桦皮船载着你童年的歌声，　　　　　仙人柱孕育你男人的气概，
勒勒车荡起你青春的梦想。　　　　　蒙古包托起你英雄的豪情。
贝加尔湖水把你养大，　　　　　　　贝加尔湖水把你养大，
巴尔虎草原把你传唱。　　　　　　　巴尔虎草原把你传唱。
巴尔虎岱巴特啊，　　　　　　　　　巴尔虎岱巴特啊
　巴尔虎人的祖先，巴尔虎人的英雄。　　巴尔虎人的祖先，巴尔虎人的英雄。

音乐长度2.5分钟。

四、男群舞《萨满舞》

表达内容：巴尔虎萨满将专用的颂词、祝辞、好来宝、神话故事以及祭神和送神的诗歌，达到炉火纯青的地步。同时，萨满将特有的古乐、歌曲和旋转急速的舞蹈动作艺术地结合起来，就使其成为了一种绝妙奇特的表演艺术。以歌舞娱神形式，将祈祷、许愿的心情艺术的表达出来，祝福长生天赐给巴尔虎族人五畜兴旺、吉祥如意。

音乐长度4—4.5分钟。

第二幕

阿爸讲故事《巴尔虎部族的起源》

巴尔虎老阿爸拉着马头琴讲述关于巴尔虎人的由来有一个史诗般美丽的传说："在远古时，巴尔虎先人巴尔密巴特尔一天打猎时，在贝加尔湖看见七只天鹅变成的姑娘在戏水玩耍，他拿走一件鹅衣后，那只变不了天鹅的姑娘成了他的妻子，两人养育了十一个儿子。后来这十一个男孩的后代以父名为姓繁衍成巴尔虎最初的十一个姓氏，共同组成以巴尔虎密巴特尔之名命名的巴尔虎部落。由此，巴尔虎密巴特尔成为巴尔虎人的始祖，天鹅被尊为始祖母。"

音乐长度1分钟。

一、舞蹈《天鹅与密巴特尔》

表达内容：7个女演员，1个男演员，表现巴尔虎密巴特尔及天鹅在风景如画的贝加尔湖畔，相亲相爱地开始十分美满的爱情生活。

音乐长度4.5—5分钟。

二、女声独唱《古老民歌》

音乐长度2.5分钟。

三、器乐合奏即呼麦演唱《贝加尔湖颂》

就像蔚蓝的天空。
但真正令人神往的，
深沉坚实的湖盆，
却稀若星辰指可数。
受到人类的赞颂。
山青水秀的美景，
赏心悦目的湖水啊，
虽然任何一个地方都有，
透明得一眼望到底。
但称得上圣洁无瑕的，
充满生机的生物，
首先要推光荣的贝加尔湖。
自由遨游在清澈的湖水里。
音乐长度2.5分钟

四、男群舞《岱巴特尔》
表达内容：巴尔虎青年勇敢、豪放、勤劳、朴实。在巴尔虎岱巴特尔带领下每天去森林里和河边打猎捕鱼场景。
音乐长度：4.5—5分钟。

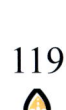

第三幕

阿爸讲故事

巴尔虎老阿爸拉着马头琴讲述古老传说："孩子们，远古时贝加尔湖是一个火山，后来火山在大地震中被洪水淹没形成了贝加尔湖。天鹅在火山圣火熄灭前救出圣火，将神火交给了巴尔虎的先人巴尔虎岱巴特尔。后来，天鹅母亲穿上鹅衣又变成天鹅飞走了，临走前交给每个儿子一个桦木神杆。巴尔虎岱巴特尔和天鹅之子们用它做成套马杆，走出森林奔向草原开始了崭新的游牧生活"。

一、男群舞《套马杆舞》
表达内容：巴尔虎青年在套马时表现出勇敢、机智、雄壮、强悍。
音乐长度4.5分钟。

二、男女声二重唱《月光下》
月光下的草原宁静美丽，
星光闪烁的夜空下景色迷朦，
思念着久别人我动情歌唱。 
我等待在这约会的地方。
远处青山哟好像在我手掌上，
远处青山哟好像在我手掌上，
心爱的姑娘哟就像在我身旁。
心爱的姑娘哟就象在我身旁。
音乐长度2.5分钟

三、男声合唱《莫尔格勒河》
音乐长度2.5分钟。

四、男女群舞《火神舞》

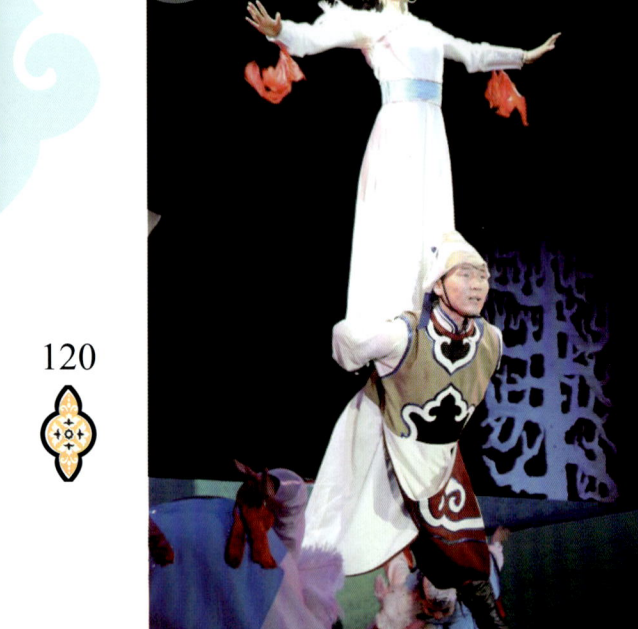

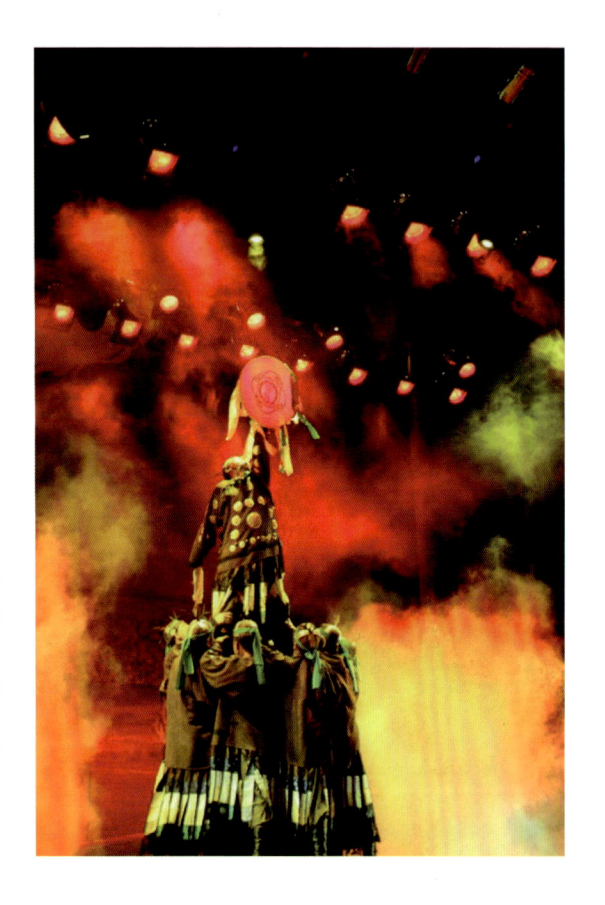

表达内容：男女舞蹈演员围绕篝火跳起奔放、激情的舞蹈表达人类最需要火种、祭火、拜火的场景。感谢腾格里长生天，感谢神鸟阿拉坦嘎鲁，有了长生不灭的火种我们人类就得救了。

音乐长度：4.5—5分钟。

结 尾

男女群舞《欢腾的巴尔虎草原》

表达内容：开始，全体演员穿着巴尔虎传统服饰，包括一部分穿鄂温克传统服饰，大家进行祭敖包仪式；之后，围绕越燃越旺篝火，激情彭湃高喊"呼瑞，呼瑞"呼号，跳起了欢快的有天鹅舞动的翅膀动作的巴尔虎圈圈舞。舞蹈结束前，大背景徐徐推出巴尔虎岱巴特尔和圣祖母天鹅画像。

音乐长度5分钟。

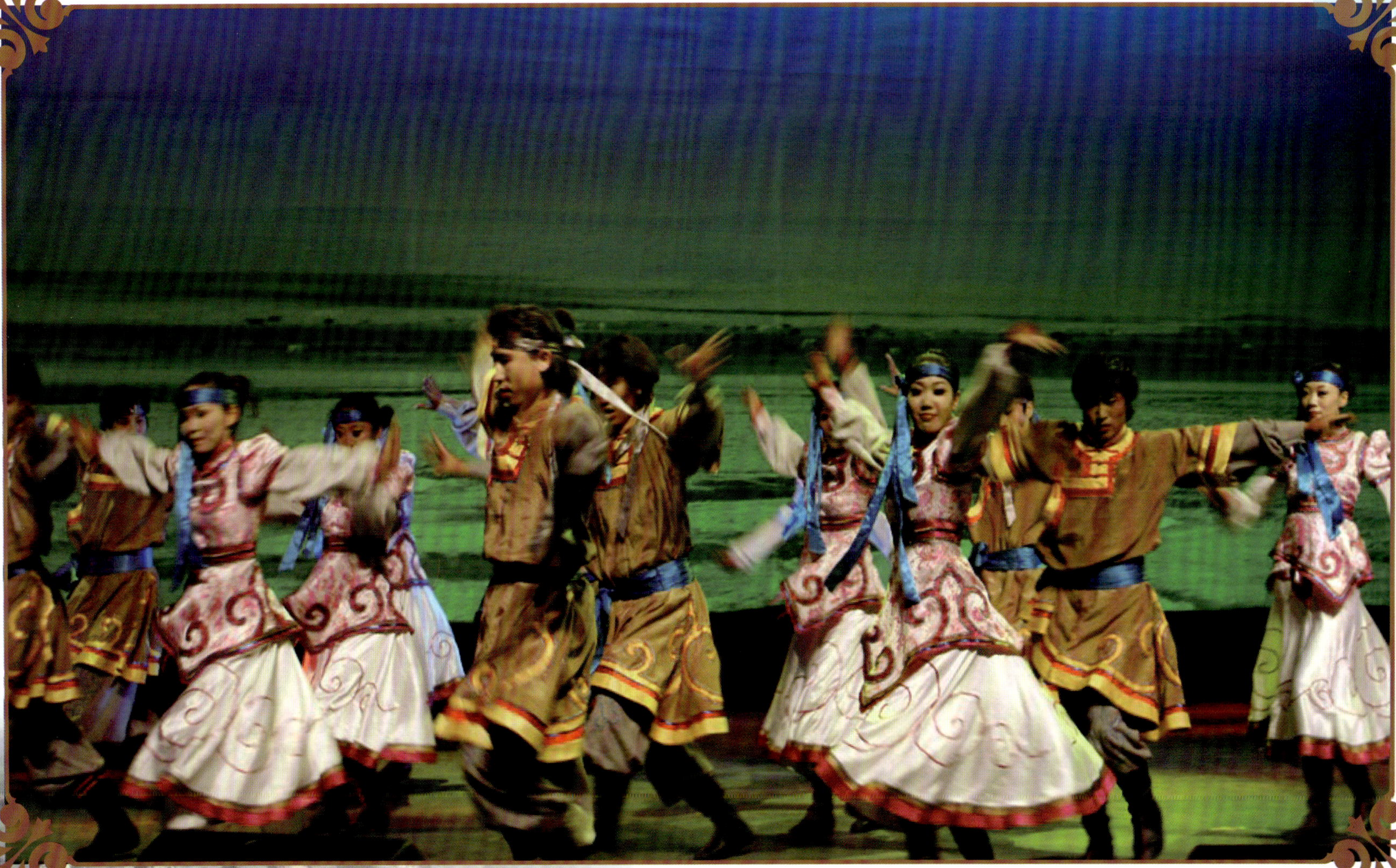

《这片草原》歌舞晚会

一、歌舞《草原圣洁的祝福》

是家园的地方，就有家园的图腾和神圣，比如心中属于自己的神树、敖包、河流和宝格德圣山。巴尔虎人民以一颗虔诚的心对神灵顶礼膜拜，祈祷大山保佑草原水草丰美，五畜兴旺。

二、群舞《热土》

水草丰美的这片草原孕育了曾经辉煌灿烂的马背文化。有最原始、最淳朴的巴尔虎民俗风韵，克鲁伦河缓缓经过这片草原，欢笑和泪水在里面悄悄流淌。作为巴尔虎人，让我们尽情展示这片热土的壮美景色……

三、表演唱《乳香情》

描写了草原生活，讴歌了美丽如画的草原和勤劳勇敢的草原人民，勤劳质朴的蒙古族妇女热爱自己的草原，热爱自己的生活，她们用勤劳的双手做出了醇香的奶干，乳香飘飘，真情永远。她们在生活这个大舞台中绘出了她们独特的美丽。

四、女群舞《瑟哲给》

秀美的巴尔虎姑娘在瑟哲给中升华了劳动的岁月，升华了整整一代人甜美的记忆。

五、男群舞《彪风骑手》

这部作品充分表现了巴尔虎草原上年轻一代的人们正在用快速的时代气息，弘扬着草原人民的那种自信、疯狂与永不气馁的精神。

六、巴尔虎盛装舞蹈《多情弘吉拉》

美丽，让姑娘们清纯可爱，高贵，让姑娘们典雅端庄，她们是美丽高雅的弘吉拉姑娘，她们是可爱多情的弘吉拉，少女火一般热情的蒙古姑娘、高亢悠扬的蒙古长调、风一般舒展纤巧的舞姿……在回旋着草原气息的音乐旋律中，弘吉拉姑娘温柔、端庄、优雅、美丽。

七、男女群舞《塔术日》

狂野、奔放、豪爽不仅是牧马人外表……在跟随牧马人肆意驰骋时,塔术日更是挥洒出草原男儿的壮志雄心

126

127

八、《哲仁嘿》舞蹈

是巴尔虎蒙古人传统的民间舞蹈，《哲仁嘿》即是"跳黄羊圈"的意思，是人们从黄羊结圈这一名示中而产生的，2007年自治区文化厅批准《哲仁嘿》为第一批自治区级非物质文化遗产代表名录。

129

中俄蒙国际选美大赛

中国内蒙古满洲里中俄蒙国际选美大赛是由中国国家旅游局、内蒙古自治区人民政府、俄罗斯赤塔州政府、蒙古国东方省政府主办,内蒙古自治区旅游局、满洲里市人民政府承办的国际性大赛。

中俄蒙国际选美大赛始办于2003年,每年举行一次,到目前为止,已经成功举办了七届。经过多年发展,该赛事国际影响力日趋提升,现已成为传递和平与友谊、传播三国异域文化、展现三国风情的重要窗口,也是中俄蒙边境不可或缺的冬日旅游项目之一。

随着一届届中国满洲里中俄蒙国际选美大赛的成功举办,比赛的内容、规则等更趋于成熟,大赛亮点亦不断涌现,这使比赛更专业,更公开透明。与此同时,中俄蒙选美大赛强大的品牌和声势吸引了越来越多的外国友人积极参与,她们有的是大学生,有的来自艺校,不仅有着丰富的文化知识,同时能歌善舞、多才多艺。她们的参赛目的是为了多了解一些中国的历史、文化,多认识一些新朋友。她们在舞台上不仅展示了自己美丽的一面,更充分展现了本国的文化底蕴和民族风情,成为增强三国毗邻地区文化交流合作重要形式之一。

在中俄蒙国际选美大赛中最让人印象深刻的是那些美不胜收的民族服饰，中国民族服饰的特色鲜明、多姿多彩，俄罗斯民族服饰的纯朴自然，蒙古国民族服饰的华贵大气，被选手们演绎得淋漓尽致，展现了她们丰富的内在气质，向观众传递着"健康、美丽、和平、友谊"的信息，文化的多样性、融合性在这个舞台尽情显现。第六届中

俄蒙选美大赛的蒙古国参赛模特巴·布德吉日格勒说，我们不光是为选美而来的，更是为欢庆三国友好、和平的节日而来的！俄罗斯选手奥韦齐津娜对记者说："我们非常荣幸能参加此次选美大赛，希望借此架起中俄友谊的桥梁。"

中俄蒙国际选美大赛除了选美大赛初赛、复赛、决赛暨颁奖晚会等，期间更有丰富多彩的活动：内蒙古冰雪旅游节暨呼伦贝尔冰雪那达慕、"中国草原之都——海拉尔魅力冰雪风情城"城市雪雕展、呼伦贝尔市冰雪旅游节暨牙克

石凤凰山国际滑雪邀请赛、额尔古纳俄罗斯狂欢夜圣诞节、莫力达瓦达斡尔族自治旗冰钓节、呼伦湖冰上捕鱼活动等成为与全国乃至世界沟通的桥梁，成为呼伦贝尔市宣传呼伦贝尔、链接俄蒙的重要纽带和亮丽名片。

134

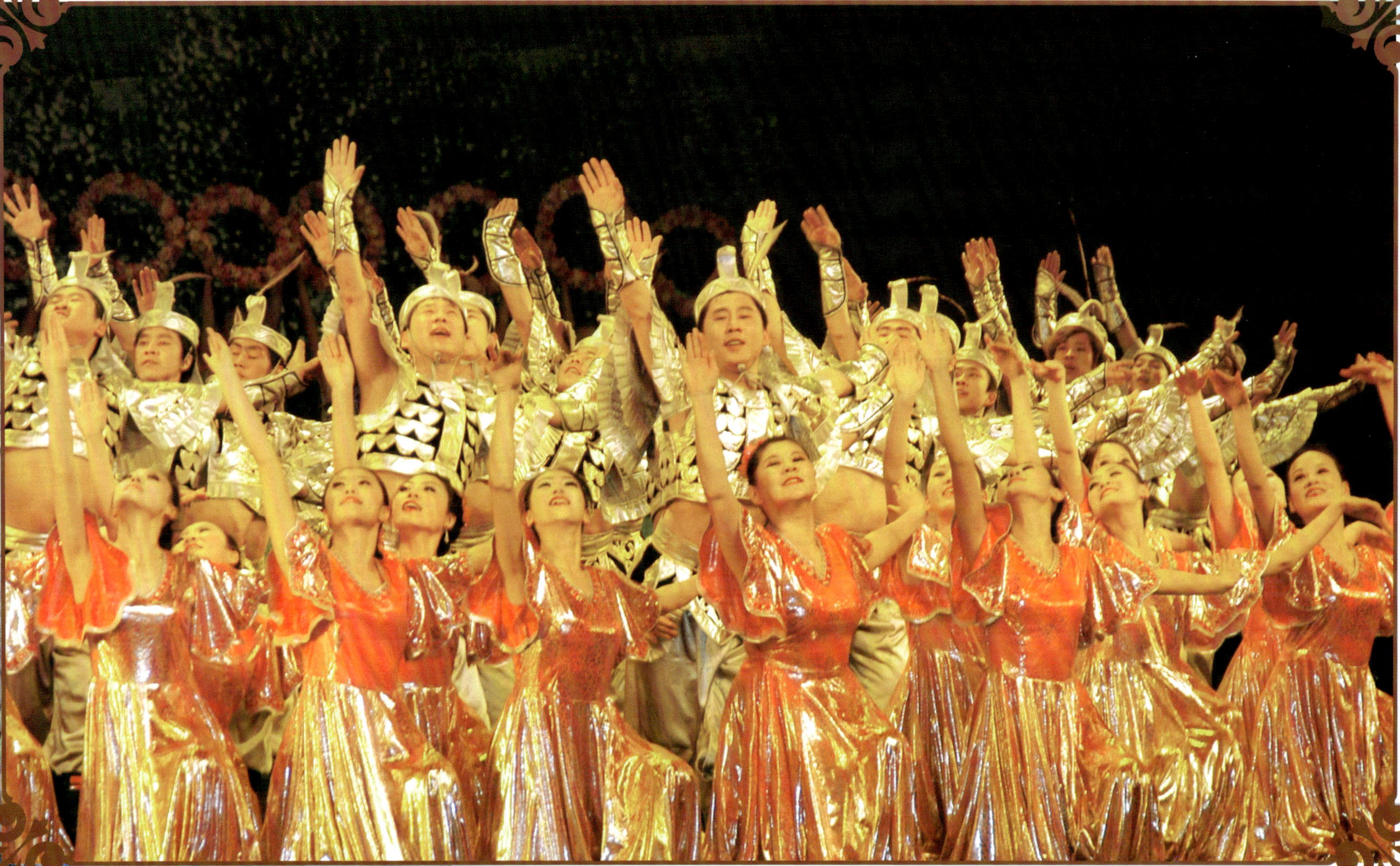

穿越千年
——神奇达斡尔晚会

莫力达瓦达斡尔族自治旗作为全国三少民族自治旗之一，有着历史悠久而古老的民族文化，达斡尔族文化是一个建立在农牧渔猎多种经营基础上的民俗文化，达斡尔族勤劳、勇敢、智慧，在漫长的生产、生活实践中形成了独特的民族文化，在歌舞、竞技运动、服饰和饮食等方面独具民族风情。风景秀丽的莫力达瓦素有"歌舞之乡"、"曲棍球之乡"、"大豆之乡"的美誉。

《穿越千年——神奇达斡尔》晚会以莫力达瓦旗50年来的沧桑巨变为主线，全面真实的再现了达斡尔族原生态文化，艺术的表现了达斡尔族的生活史、劳动史、文化史，节目突出了"民间、原创、地域、时尚"的特点，集中体现了莫力达瓦旗悠久的历史积淀和丰富的达斡尔民族文化底蕴。节目内容主要有流传达斡尔民族的民间舞蹈、民歌、民间竞技体育、国家级非物质文化遗产鲁日格勒、曲棍球、乌春等。整台晚会分为

《亘古风云》、《山魂水魄》、《日月同歌》、《天地祥和》、《阳光灿烂映山红》五部分组成，整场演出将达斡尔的辉煌历史描绘成一幅风格浓郁、特色鲜明的画卷。通过优美的舞蹈语言、服饰扣人心弦的音乐曲调、流光溢彩的民族服饰、立体宏大的舞台场面，展现出达斡尔民族在历史、文化、艺术、体育等多方面的成就和风情，表达了达斡尔族人民通过自己生活的变化亲身体会到党的民族区

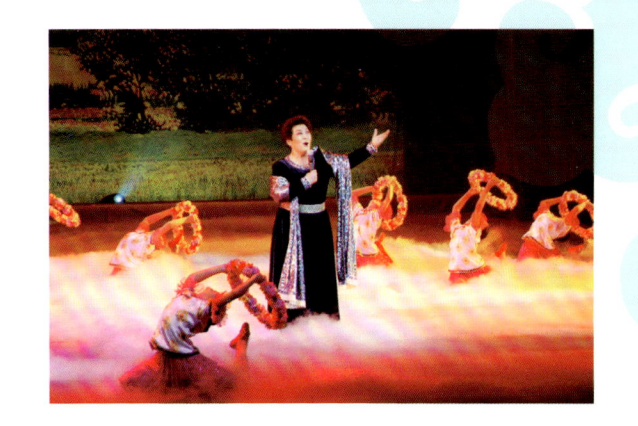

138

域自治政策的光辉照耀，这片吉祥和谐的家园将以更加绚丽的色彩点燃祖国北疆、神州大地。

140

141

呼伦贝尔市基本情况介绍

呼伦贝尔市得名于境内的呼伦湖（亦称达赉湖）和贝尔湖，处于中华人民共和国版图上的雄鸡之冠，是内蒙古自治区最东部的地级市。呼伦贝尔地处东经115°31'–126°04'、北纬47°05'–53°20'，总面积为25.3万平方公里；呼伦贝尔毗邻东北老工业基地，北和西北部以额尔古纳河为界与俄罗斯接壤，西和西南部同蒙古国交界，素有"鸡鸣闻三国"的美誉。全市下辖1区5市7旗，49个镇，14个乡，9个苏木，37个街道办事处，首府所在地海拉尔区是全市政治经济和文化中心。全市共有43个民族，总人口272万人，少数民族人口50.4万人，占全市总人口的18.5%，是一个以蒙古族为主体的多民族聚居地区。主要有以下几个方面的特点：

一是地域辽阔。呼伦贝尔市总面积为25.3万平方公里，东西绵延630公里，南北总长达700公里，占自治区面积的21.4%，占全国总面积的1/40，其面积相当于山东、江苏两省面积的总和，也相当于1个英国和6个瑞士的面积，是全国面积最大的地级城市。全市耕地总面积的4.7%，人均耕地面积的33%。大兴安岭纵贯呼伦贝尔中部，绵延千里，构成了呼伦贝尔林业资源的主体。呼伦贝尔市林地面积达到2.03亿亩，占全市土地总面积的53.4%，占自治区林地面积的75%。森林覆盖率50%，活立木蓄积量11亿立方米，占全区的75%、占全国的9.5%。天然草场、天然林地人均占有量均居全国之首。

二是历史悠久。早在二万年前，古人类——扎赉诺尔人就在呼伦湖一带繁衍生息，创造了早期的呼伦贝尔原始文明。自公元前200年左右至清朝，辽阔的呼伦贝尔草原孕育了中国北方东胡、匈奴、鲜卑、契丹、女真、蒙古等诸多游牧民族。公元1世纪，活动在境内鄂伦春旗一带的拓跋鲜卑族"南迁大泽"（呼伦湖），建立了强大的鲜卑部落联盟，并入主中原，建立了北魏王朝。13世纪，随着蒙古族的强大，成吉思汗统一了包括呼伦贝尔在内的整个蒙古高原，清朝康熙、雍正年间，呼伦贝尔地区被划为2个行政区，岭西称呼伦贝尔，岭东称布特哈。1945年日本投降以后，岭西地区建立了呼伦贝尔地方自治政府，1954年设立呼伦贝尔盟，2001年10月10日经国务院批准实现撤盟设市。

三是文化灿烂。正是由于呼伦贝尔历史发展独特轨迹，被著名历史学家翦伯赞先生誉为"中国北方游牧民族成长的历史摇篮"，东胡、匈奴、鲜卑、蒙古等诸多游牧民族在这里创造了灿烂的游牧文化，也被史学家们称为"中华文明的第三源"。呼伦贝尔是典型的民族区域自治地方，全国仅有的3个少数民族自治旗——莫力达瓦达斡尔族自治旗、鄂温克族自治旗、鄂伦春自治旗都在我市，全区19个民族乡呼伦贝尔市占到了14个。达斡尔、鄂温克、鄂伦春"三少"民族和俄罗斯族，民俗文化原始奇异，独具魅力。生活在这里的巴尔虎、布里亚特、厄鲁特蒙古族也以其独特的民俗文化区别于内蒙古其他地区的蒙古族，呈现出了蒙元文化、俄罗斯文化、鄂温克文化、鄂伦春文化、达斡尔文化等多民族文化活力四射、齐头并进、共同繁荣的发展格局。

四是风光无限。呼伦贝尔大草原、大森林、大水域、大冰雪、大口岸、大民俗共同构成呼伦贝尔大旅游。森林与草原交汇、绿夏与银冬交替、民族风情与历史文化交融，森林、草原、湖泊基本保持了原始风貌，使呼伦贝尔正成为世人瞩目的旅游热点地区，素有"绿色净土"、"北国碧玉"之称，国家确定生态建设示范区，是全国旅游二十胜景之一和全国六大景区之一，全国唯一的国家级草原旅游重点开发区，呼伦贝尔还荣获了CCTV2006年度"中国最佳民族风情魅力城市"称号。也形成了独具特色的主题旅游形象：呼伦贝尔—中国北方原生态旅游胜地、休闲旅游胜地。开发了以草原、森林、冰雪、河湖、口岸、历史文化、少数民族风情、异域风情为主的一批旅游景区景点，并围绕景区景点推出了一系列精品旅游线路，概括来讲为"一条黄金曲线、五条精品环线、两条特色单线、五大客流中心"。2010年全市共接待游客980万人次，旅游业总收入143亿元。

五是资源富集。呼伦贝尔市现有耕地1797万亩，天然草场1.26亿亩，天然林地2.03亿亩，人均占有量均居全区全国前列。森林覆盖率为50%，活立木蓄积量达到11亿立方米，占全区的97%、全国的9.5%，绿色、生态农牧林业久负盛名。境内有3000多条河流、500多个湖泊。水资源总量316.2亿立方米，其中地表水资源占全区的7?，探明各类矿产资源65余种、矿点500多处。全市?储量近2000亿吨，探明储量1000亿吨，探明储量?总和的6倍；拥有得耳布尔和大兴安岭两个有色（贵）金属成矿带，海拉尔盆地石油资源富集。由于我市煤水组合优势明显，国家已把我市列为国家重要的煤电、煤化工基地和大型石油基地。石油预测总资源量10亿吨。野生动物500余种，占全区的70%以上，国家级保护动物30余种。有经济价值的植物多达500种以上。被誉为"北方野生动植物的天然王国"。

六是民风淳朴。呼伦贝尔地处祖国北疆，在其长期的发展进程中，已经基本完成了从原始游牧向现代文明的转变。但同时也完整地保留了呼伦贝尔人原始的热情、善良、淳朴的独特地区民族人文性格。从农区的发展来看，这里的人们有很多是自明、清时代就来到呼伦贝尔戍边的移民，也有后期迫于生计，从山东、江浙等内陆地区到呼伦贝尔谋求生存的贫苦百姓，经过几代、甚至几十代的融合发展，已经形成了呼伦贝尔独特的地区风格，也同时保留了地区淳朴勤劳的生活习惯和善良朴实的人文性格，成为呼伦贝尔地区民族大家庭的重要成员。呼伦贝尔林区多年来作为国家重点木材供应基地，为国家建设付出了辛勤的汗水，由此也形成了林区人的豁达、直率，甘于奉献的精神。而牧区作为蒙古族聚居的主要地区和繁衍地，热情、好客、勇敢在他们的身上体现的最为突出。

七是口岸集中。我市地处祖国北部边陲，分别同俄罗斯、蒙古国交界，边境线总长1733.32公里，是全国唯一的中俄蒙三国交界区。我市现有8个口岸对外开放，分别为满洲里铁路、公路、航空口岸，黑山头、室韦口岸（对俄），阿日哈沙特、额布都格口岸（对蒙古国）和海拉尔东山机场航空口岸。其中，满洲里口岸为全国最大的陆?是亚欧大陆重要的国际通道。这些口岸的?边开放带和铁路、公路、航空立体交叉全方位对外开放的格局，使呼伦贝尔市具备了成为国家向北开放前沿阵地的基础条件。

图书在版编目(CIP)数据

呼伦贝尔文化博览 / 金昭主编.—呼伦贝尔：内蒙古文化出版社，2011.11
ISBN 978-7-80675-962-2
Ⅰ.①呼… Ⅱ.①金… Ⅲ.①文化—概况—呼伦贝尔市 Ⅳ.①G127.263

中国版本图书馆CIP数据核字（2011）第237086号

呼伦贝尔文化博览

金 昭　主 编

内蒙古出版集团有限责任公司
出版发行　内蒙古文化出版社
(呼伦贝尔市海拉尔区河东新春街4-3号)
邮　　编　021008
网　　址　www.nmwhs.com
投稿信箱　dingyongcai@163.com
直销热线　0470-8241422
印刷装订　北京宝隆世纪印刷有限公司
责任编辑　丁永才　包文明
装帧设计　董焕琴　董丽娜等
开　　本　260×186毫米
印　　张　9
字　　数　10万
2011年11月第1版　2011年11月第1次印刷
印数　1-5000册

ISBN 978-7-80675-962-2
定价：980.00元